성공을 부르는

긍정의 힘

성공을 부르는

긍정의 힘

사토 도미오 지음 | 박치원 옮김

솔과학
SOLKWAHAK

성공을 부르는 긍정의 힘

인쇄 2006년 5월 20일
발행 2006년 5월 25일

지은이 | 사토 도미오
옮긴이 | 박치원
펴낸이 | 김재광
펴낸곳 | 도서출판 솔과학
주소 | 서울시 마포구 염리동 164-4 삼부골든타워 302호
전화 | 82-2(02) 714-8655
팩스 | 82-2(02) 711-4656
출판등록 | 1997년 2월 22일(제10-104호)

ISBN 89-87794-93-8 03320

값 11,000원

우리의 인생을 비옥하게 만드는 요소는

우리의 '생각'과 '말' 그리고 '행동'이다.

여러분의 생각, 말, 행동에 좋은 습관이 있다면

벌써 반은 성공한 것과 마찬가지다.

Contents

제2장 잠자고 있는 '승리 유전자'를 깨워라

제3장 이런 '입버릇'이 비즈니스의 '운'을 바꾼다

제4장 '사고방식'을 바꾸면 한 단계 상승할 수 있다

제5장 비즈니스 인생을 바꾸는 행동전략

에필로그

프롤로그

우리는 흔히 가능성이라는 말을 한다.

하지만 인간의 무한한 가능성을 깊이 생각해 본 사람이 과연 몇이나 될까?

대부분은 적은 경험이나 주변에서 모은 정보로 '이건 할 수 있겠다'든지 '이건 안 되겠다'고 판단하지 않을까?

결론부터 말하면 본래 사람의 가능성은 무한하다.

인간에게는 마음속으로 바라는 것을 현실로 나타나게 하는 능력이 있다. 바람이 실현되지 않았다면 그것은 스스로 한계를 만들었기 때문이다.

〈뒷마당의 다이아몬드〉 이야기를 살펴보자.

남아프리카의 어느 마을에 농가가 한 채 있었다. 그 주인은 맨손으로 시작해 상당히 많은 재산을 모아 외동딸과 함께 살고 있었다.

그 집에는 나그네들이 많이 찾아왔는데 그들은 하룻밤 묵으면서 각지에서 보고 들은 재미난 이야기를 들려주고는 다시 길을 떠났다.

그 집을 자주 찾던 나그네가 한 번은 이런 이야기를 했다.

"이 근처에 다이아몬드 광맥이 있다고 합니다. 만일 그 광맥을 찾으면 어마어마한 부자가 되어 딸을 왕자와 결혼시킬 수도 있을 거예요."

그 이야기를 들은 주인은 밤새 고민한 끝에 집을 팔고 다이아몬드 광맥을 찾아 나서기로 마음먹었다.

몇 년이 지난 후에 다이아몬드 이야기를 했던 나그네가 다시 그 농가를 찾았다. 그러자 하인으로 보이는 사람이 나와서 집에는 아무도 없다고 했다. 인사를 하고 돌아서려는데 집안에 있는 벽난로가 눈에 띄었다. 자세히 들여다보니 다이아몬드 원석으로 만든 것이었다.

"주인이 드디어 보석을 찾아내셨군요."

나그네가 감회에 젖어 말하자 하인은 의아한 표정을 지었다.

"도대체 무슨 말씀이십니까? 이 집은 주인이 여러 번 바뀌어서 당신이 아는 사람이 아닐 텐데요?"

"그러면 저 난로의 돌은 뭐예요?"

"저건 뒤뜰에서 가져온 돌이예요."

그 집 주인은 아무 것도 모르고 다이아몬드 원석으로 벽난로를 만든 것이다. 그리고 다이아몬드를 찾아 떠난 원래 주인은 어디로 갔는지 알 수 없었다.

기독교에서는 종종 이런 일화를 들어 '자기 안에 있는 보석을 깨달으라'고 가르친다.

내 이론으로 이 이야기를 해석하면 '성공하는 방법과 그 장치는 당신 안에 있다'고 말할 수 있다.

이 농가 주인은 자신에게 있는 성공을 발견하지 못하고 바깥에서 성공 방법을 구했기 때문에 결국 소원을 성취하지 못했다. 하지만 생물의 진화 과정에서 살아남은 모든 인간에게는 커다란 가능성을 담은 성공의 씨앗이 있다.

또 한 가지 중요한 사실이 있다. 씨앗을 뿌릴 때는 그것을 어떻게 기를지 생각하기 전에 먼저 씨앗에 알맞은 밭을 준비해야 한다.

유기질의 비옥한 땅이 아니면 좋은 수확을 기대할 수 없고, 거꾸로 땅이 비옥하면 어떤 곡식이든 잘 자란다.

어떻게 해야 일이 잘 풀릴지를 생각하기 전에 성공의 씨앗이 생장할 비옥한 대지를 준비해야 한다.

비옥한 대지는 유쾌한 상태를 말한다. 유쾌란 행복하고 기분 좋은 감정으로 가득 찬 상태다. 이런 상태가 되려면 꿈과 낭만을 소중히 여기는 긍정적인 삶을 살아야 한다.

그러나 이것만으로는 부족하다. 유쾌한 상태를 유지하려면 모든 일에 감사하는 마음을 가져야 한다.

비즈니스에서 성공한 사람은 대부분 자기 주변에서 일어난 모든 일에 감사한다. 늘 유쾌하기 때문에 항상 긍정적이고 설레는 마음으로 목표를 향해 나아갈 수 있다.

나중에 자세히 이야기하겠지만 성공은 행복으로 가득 찬, 유쾌한 상태에서 달성할 수 있는 메커니즘으로 되어 있다. 다시 말해 유쾌한 사람은 더더욱 성공하고, 감사하게 된다.

한편 비즈니스에서 놀랄 만한 성과를 올리고 나름으로 지위도 차지했지만 이기적이며 주변에 감사할 줄 모르는 사람도 있다.

이런 사람은 갈수록 인간관계가 나빠진다. 자신이 넘어

졌을 때 손을 내밀어 줄 사람도 없다. 게다가 마음이 유쾌하지 않기 때문에 몸에 나쁜 증상까지 나타난다.

이는 생각에 따라 자율신경계가 반응하는 인간의 신체 구조상 당연한 현상이다.

사업에서만 진정한 성공을 거두는 것은 아니다. 다양한 꿈과 희망을 실현하고 인생을 여유있게 사는 사람이야말로 진정으로 성공한 사람이다.

그러기 위해서는 자신을 반드시 유쾌한 상태로 만들어야 한다. 유쾌해지는 일은 각자에게 있는 끝없는 가능성을 생각한대로 충분히 발휘할 수 있는 풍요로운 대지를 손에 넣는 일과 같다.

땅을 비옥하게 만드는 요소는 우리의 '생각'과 '말' 그리고 '행동'이다.

여러분의 생각, 말, 행동에 좋은 습관이 있다면 벌써 반은 성공한 것과 마찬가지다.

비즈니스에서나 사생활에서 남에게 운 좋은 사람이라는 소리를 듣는 사람들은 이 세 가지 습관이 좋다.

그러나 부러워할 것은 없다. 여러분도 언제든지 행운을 잡을 수 있다. 지금까지 부정적이던 습관을 긍정적인 쪽으로 바꾸면 된다.

그 방법을 깨닫는 순간 여러분은 한 걸음 가까이 꿈에 다가가 있는 것이다.

이제부터 멋진 열매를 수확할 수 있다는 믿음으로 날마다 유쾌한 상태를 유지하는 습관을 들이자.

다이아몬드 원석과 같은 가능성이라는 씨앗은 이미 여러분의 손안에 있다.

2003년 9월 사토 도미오

제1장

인생을 좌우하는 '자기상'의 과학

Good Luck

행운은 기적도 우연도 아니다

비즈니스 세계 뿐만 아니라 이른바 성공한 사람들은 예외 없이 '운이 좋았다'고 말한다.

'나는 상사를 잘 만났어. 나를 믿고 일을 맡겼거든. 정말 운이 좋았어.'

'부하 직원이 참 유능했어. 열심히 도와준 덕분에 목표를 달성했으니까. 운이 좋았어.'

운은 행운으로 바꿔 말할 수 있다.

많은 사람들은 행운을 불확실하고 부정확하며 믿을 수 없는 것이라고 생각한다.

'나와 관계없는 말이야. 행운을 잡는 사람은 다 하늘이

정한다구. 복 있는 사람은 끝까지 일이 잘 풀리고 복 없는 사람은 평생 이렇게 살다 가는 거지.'

어떤 의미에서는 누구나 이렇게 생각할 수 있다. 그러나 그것은 결론부터 말하면 완전히 잘못된 생각이다.

행운이나 복은 결코 우연의 산물이나 선택받은 자만이 누리는 것이 아니다.

모두 스스로 만드는 것이다.

자신을 '운 좋다고 생각'하는 성공한 사람들에게는 공통된 특징이 있다. 그들은 남과 똑같은 상황에서도 남보다 더 많이 감사할 줄 안다.

반대로 감사할 줄 모르고 부정적인 점만 찾아내는 사람도 있다.

회사 안에도 '이 회사에서 이런 상사와 이런 일을 하게 되어 좋았어. 고마운 일이야.' 하고 감사하며 만족하는 사람과 그렇지 않은 사람이 있다. '저 상사와 궁합이 안 맞다'며 사소한 점만으로 모든 것을 부정적으로 판단하는 사람도 있다.

같은 상황에서 감사할 줄 알고 만족을 느끼는 사람과 그렇지 않은 사람의 운과 인생 만족도를 비교해 보면 오랜 세월이 흐르는 동안 엄청난 차이가 생기는 것을 알 수 있다.

감사하는 마음을 가지면 기분이 유쾌해지고 운도 쌓이며 성공도 할 수 있기 때문이다.

어떤 환경에 처하든 감사하는 마음으로 유쾌한 상태를 만드는 것도 불평불만으로 불쾌한 상태를 만드는 것도 모두 마음먹기에 달렸다. 그러므로 그 결과로 생긴 행운과 불운도 자기 스스로 부른 것이라는 말이다.

운은 기적이나 우연이 아니라 자기 마음이 부른다. 행운을 부르는 가장 강력한 기본 요소는 감사하는 마음이다.

성공하는 사람은 올바른 믿음을 갖는다

어떤 분야에서 성공한 사람들의 또 다른 공통점은 무엇일까?

그것은 올바른 마음을 먹는 것이다.

마음(의식 아래)에 새겨진 강한 인상은 그 사람의 인생을 좌우할 만큼 결정적인 믿음이 된다. 그 내용에 따라 인생은 크게 달라지며 올바른 믿음은 올바른 결과를 낳는다.

내 인생 역시 믿음의 영향을 크게 받았다.

나는 홋카이도 농가에서 7형제의 장남으로 태어났다.

1942년, 내가 열 살이 되던 해 어머니는 당시 공군 비행사였던 외삼촌의 안부가 궁금해 집에 점쟁이를 불렀다. 그는 동네에서 '족집게'라고 소문이 자자했던 사람이다.

점쟁이는 점을 본 뒤에 나를 보더니 "이 아이는 열일곱이 넘으면 집을 나가겠어. 또 마흔이 지나면 사두마차를 타고 부모를 맞이하러 오는군. 하지만 사는 게 너무 달라 당신들(부모님)은 같이 못 살 거야"라고 말했다.

나는 집안을 이어야 할 장남이었으니 어머니가 듣기에 그것은 말도 안 되는 소리였다. 어머니는 "절대로 그럴 리 없다"며 화를 냈던 기억이 지금도 생생하다.

하지만 나는 매우 강렬한 인상을 받았다.

사실대로 말하면 놀랍게도 나는 박수무당이 말한 대로 인생을 살았다.

전쟁이 끝나고 중학교를 나와 2년 동안 집안 농사를 돕다가 열일곱에 농업학교에 들어갔다. 그 학교는 학생들이 모두 기숙사에서 생활해야 했기 때문에 입학하는 동시에 집을 떠났다. 게다가 농업학교에서 공부하던 중 대학에 가고 싶다는 욕심이 생겼고, 결국 부모님을 설득해 그 소원도 성취했다.

도쿄 대학에 들어가고 나서 학사 편입한 두 번째 대학 대학원에 다니던 중 외국계 기업에 들어가 그대로 도쿄에서 직장생활을 했다.

그 후, 근무지도 사는 곳도 여러 번 바뀌었지만 점쟁이의 말대로 내가 대를 이어야 할 홋카이도로 돌아가는 일은 끝내 없었다.

마흔이 지나면 사두마차를 타고……라는 말은 금의환향한다는 뜻으로 해석했는데, 확실히 마흔이 되었을 때는 뉴욕 현지법인의 사장이 되어 나름으로 지위도 얻었고 강연과 저술 활동으로 회사 밖에서도 유명해져 경제적으로도 풍족했다.

쉰, 예순이 되자 《나는 마음먹은 대로 인생을 보냈다》는 주제로 책을 썼다.

뒤돌아 보면 점쟁이의 말은 나를 지배하는 큰 요소였다. 너무나도 강한 인상을 받았기 때문에 그 말에 지배되어 그것을 증명이라도 하듯 집을 나오고 사회적인 지위도 얻었다.

나를 움직인 힘이 소년 시절의 체험이었다는 사실을 깨달은 것은 마흔 무렵이었는데, 좀 더 깊이 생각해 보면 젊었을 때도 영향을 받은 만남이 있었다.

당시 나는 정신분석의인 프로이트의 이론에 관심이 있

었다. 프로이트의 삶에도 관심이 많아 자서전도 여러 번 읽었다. 그 중에서 "다시 태어난다면 무엇이 되고 싶은가?"라는 질문에 "다음에는 무당이 되고 싶다"고 대답했다는 내용에서 가장 깊은 인상을 받았다.

정신과 의사로서 많은 사람을 만난 프로이트는 심층심리가 사람을 움직인다는 사실을 알았다. 다시 말해 사람은 자신이 믿는 대로 되며, 족집게라고 소문난 점쟁이의 말은 결정적인 영향력을 발휘해 그 사람의 인생을 지배한다는 사실을 알고 있었다.

그 글을 읽고 '프로이트가 그렇다면 그렇다'고 생각했다. 이것이 내가 점쟁이의 말대로 인생을 살게 된 이유다.

점쟁이가 나쁜 말이 아니라 좋은 말을 한 것은 행운이다. 무당이 가능성을 막아버리는 말을 했더라도 나는 그 말을 믿었을 것이고, 그랬다면 지금과는 완전히 다른 삶을 살고 있을지도 모른다.

Good Luck

올바른 믿음이란 올바른 자기상

믿음에도 여러 가지가 있다. 어떤 사건이 일어나면 '틀림없이 이것 때문'이라고 믿거나, 어떤 사람을 평가할 때 '저 사람은 이런 사람'이라고 믿는다.

하지만 운이나 성공과 가장 관계가 깊은 것은 '자신은 이런 인간이다'라는 믿음, 다시 말해 자기상이다.

그 사람의 사고방식이나 행동을 지배하는 것은 바로 자기 자신에 대한 이미지이기 때문이다.

'나는 능력이 있다'고 믿는 사람은 자신있게 성공을 믿고 적극적으로 행동한다.

'나는 능력이 없다'고 생각하는 사람은 무슨 일에든 자신이 없고 늘 불안하기 때문에 소극적으로 행동해 버린다.

더욱 나은 인생을 살려면 자기 안에 바람직한 자기상을 확립해야 한다.

나는 어렸을 적에 아버지가 하시는 일에 관심이 많았다. 그 일이란 밭일이나 가축 돌보기, 강에서 낚시하는 일, 말 타기 따위다.

아버지에 비하면 학교 선생님은 그다지 위대해 보이지 않았다. 선생님은 '공부하라는 말만 할 뿐, 낚시도 할 줄 모르고 말도 탈 줄 모른다'고 생각했다.

나는 열 살이 되었을 때 손님을 마중하러 나가는 일을 맡았다. 아버지는 나를 어른 대접해 주셨던 것이다.

여름 방학이던 어느 날의 일이다. "송어 낚시를 가자"는 아버지 말씀에 그물을 들고 둘이서 농장을 가로질러 흐르는 강으로 갔다.

강에는 얕은 곳도 있지만 깊은 곳도 있어 물에 들어가기가 겁났다. 하지만 아버지는 늘 정확한 지시로 나를 이끌어 주셨다. 100미터 정도 걸어 들어갔을 때 50미터 정도 앞서 걷던 아버지가 갑자기 "저 쪽에 두 마리가 간다"며 열심히 그물을 던지시자 정말로 송어 두 마리가 걸려들었다.

그때 느낀 아버지의 믿음직함, 훌륭함은 존경 이상의 감정을 내 안에 심어주었다. 가르치려고 한 행동도 아니고 거창한 말을 하신 것도 아니지만 확실히 아버지는 나에게 거대한 존재였다.

송어 낚시는 하는 법만 배우고 처음부터 혼자 도전했다. 밤이 되자 강에 나가 이런 저런 궁리를 한 끝에 몇 년 뒤에는 잘 잡게 되었다. 익숙해지니 이제는 낚시꾼 수준이다.

나는 우리 집에서 기르던 가축도 좋아해서 어렸을 때부터 만지고 싶어 했다. 열 살 때 아버지는 나에게 밤색 말을 주셨다. 그 뒤로는 자전거 대신 말을 타고 목장을 달리는 일이 일과처럼 되었다. 말이 새끼를 낳을 때도 지켜보았다. 아버지가 능숙한 솜씨로 새끼를 받아 생명을 탄생시키는 모습을 보고 강렬한 감동을 받았던 일을 기억한다.

아버지의 일에 이렇게 관심을 기울인 사람은 형제 중에서 나 뿐이었다. 나에게 아버지와 함께 한 시간은 늘 자랑거리였다.

아버지는 항상 나를 칭찬하셨다.

“송어 낚시라면 도미오가 제일이다. 너를 이기지 못하겠구나.”

"말을 다루는 솜씨는 어른도 따라가지 못할 정도야."

우등생이라는 말보다 낚시나 말을 잘 다룬다는 칭찬을 받는 쪽이 훨씬 기쁘고 가슴 벅찼다. 더구나 내가 존경하는 아버지께 받은 칭찬은 내 안에 확고한 자신감을 심어주었다.

'나는 이 일을 제일 잘 한다.'

'내가 하는 일은 다 잘 된다.'

'나에게는 이 일을 해 낼 능력이 있다.'

성공을 목표로 할 때 이런 자기상은 빼놓을 수 없는 요소다.

그리고 그 밑바탕에 인간을 믿는 마음과 부모를 존경하는 마음이 없다면 자기상은 의미가 없다.

여러분에게는 마음으로 믿고 존경할 수 있는 사람이 있는가?

있다면 '저 사람처럼 되고 싶다'든지 '저 사람에게 칭찬받고 싶다'는 관점에서 바라본 자기상을 세워보자. 그리고 그런 자신의 모습을 명확히 그려보자.

이렇게 하면 인생은 반드시 달라진다.

Good Luck

인생을 지배하는 '새로운 뇌'

이미지가 인간에게 주는 영향을 과학적 측면에서 이야기해 보자.

우리의 뇌는 낡은 뇌인 대뇌변연계(大腦邊緣系)와 새로운 뇌인 대뇌신피질(大腦新皮質) 둘로 나눌 수 있다.

낡은 뇌는 자율신경계라 부르며 본능적으로 호흡, 심박, 소화, 흡수 같은 생화학반응기능을 담당한다. 동물 뇌라고도 부를 수 있다.

우리의 몸은 먹은 음식의 양에 따라 위산과 효소가 분비되어 음식물을 분해하고 흡수하며 재합성하는데, 이런 화학반응은 먹은 사람의 의지와는 관계없이 몸이 알아서 한다.

새로운 뇌란 뇌의 가장 바깥 쪽에 있으며 생물 중에서는 인간에게만 있다. 사물을 생각하거나 선악을 판별하거나 좋고 싫음을 표현하는, 인간의 의식과 의지를 담당하는 부분이다.

두 뇌는 서로 다른 일을 하면서 움직이는데 이 둘을 서로 이어주는 것이 있다. 바로 새로운 뇌의 능력 가운데 하나인 상상력이라는 것이다.

원래 낡은 뇌에는 새로운 뇌가 상상한 것에 무의식적으로 반응해 버리는 특성이 있다. 보거나 듣거나 생각함으로써 새로운 뇌가 하나의 이미지를 만들어 낸다.

이것은 자기상도 마찬가지다. '나는 이런 인간'이라는 자기상을 받아들인 낡은 뇌는 몸과 표정 따위에 그것을 반영하려고 움직인다.

예를 들면 '남 앞에서 말하는 것이 지독히 서툴다'고 생각하는 사람이 결혼식 사회를 부탁 받았다고 하자. 그런 사람은 결혼식 날을 상상만 해도 긴장해서 심장이 두근거리거나 배가 아프다. 한참 뒤에 일어날 일인데도 몸은 이미 그것이 현실인 것처럼 반응하는 것이다.

여기에서 중요한 것은 낡은 뇌에는 실제로 많은 사람 앞에 서는 것과 많은 사람 앞에 섰다고 상상한 것을 구별하는 능력이 없다는 점이다.

다시 말해 낡은 뇌에는 실제로 있는 일과 상상한 일을 구별하지 못해 상상을 진실로 받아들이고 실현하려는 특성이 있다.

인간의 자위행동도 상상력을 바탕으로 한 것이다. 예를 들면 눈앞에 매력적인 이성이 없어도 성적 상상을 하거나 자극적인 책만 보아도 낡은 뇌의 자율신경계는 실제로 있는 일로 반응해 그런 행위에 몰두하게 된다.

이것은 인간만의 특징이다. 예를 들면 원숭이에게 자위행위를 가르치는 것은 가능하다. 그러나 원숭이의 행동은 어디까지나 조건반사로서의 행위일 뿐, 상상력을 동반한 것은 아니다.

인생은 생각의 산물이다

이처럼 낡은 뇌와 새로운 뇌는 상상력이라는 이름의 다리로 이어져 있다. 따라서 슬픈 일, 괴로운 일, 기분 나쁜 일을 상상만 해도 불안과 걱정이 커지고 그것은 고통으로 몸에 나타난다.

우리는 걱정거리나 고민이 있으면 얼굴색이 나빠진다. 이것은 누구나 경험했을 것이다. 불안한 마음은 뇌 안에 아드레날린이라는 부신수질(副腎髓質) 호르몬을 만들어 낸다. 이것이 모세혈관을 수축시켜 혈액 대부분이 근육계로 옮겨갔기 때문에 얼굴색이 나빠지는 것이다.

또 늘 화를 내거나 스트레스를 받으면 노르아드레날린

이라는 호르몬 물질의 독성 때문에 병이 나거나 노화가 촉진된다.

반대로 연인과의 달콤한 추억에 젖거나 가슴이 두근거리거나 울렁거리는 일을 떠올리기만 해도 낡은 뇌는 즉시 반응해서 몸에 생기를 가져온다.

그러면 혈액순환이 좋아져 피부 온도가 높아진다. 또 베타 엔도르핀 같은 쾌락 호르몬이 분비되어 기분이 점점 고양되고, 피부에도 싱싱한 탄력과 윤기가 생긴다.

또 자신이 직접 보거나 겪은 일도 아닌데 같은 반응을 보일 때도 있다. 슬프고 괴로운 이야기를 듣기만 해도 이상하게 슬퍼지거나 우울해지는 경험은 누구나 있지 않을까?

반대로 가슴 벅찬 이야기, 재미있는 이야기, 두근거리는 이야기를 들으면 기쁨과 만족감과 함께 기분이 좋아진 경험도 있을 것이다.

이런 반응에 대해 심리학자 맥스웰 말츠는 이렇게 설명한다.

"자기가 마치 모든 것을 해석한 듯한 감정이 만들어지면 뇌는 그 자리에서 감정을 읽어 자신의 인생에 투영하려고 한다."

미국의 철학자 윌리엄 제임스는 "인생이란 그 사람이 생각한 것의 소산"이라고 간파했다.

또 다른 심리학자는 "같은 내용을 여섯 번 되풀이하면 잠재의식에 넣을 수 있다. 그것이 신경회로에 침투해 무의식적으로 그 사람을 지배한다"는 설을 발표했다.

새로운 뇌가 그린 이미지가 자율신경계와 연동해서 상상한 것이 현실로 나타난다. 이것이 바로 '행운을 내 것으로 만든다'는 말의 참뜻이다.

믿음은 현실이 된다는 말의 뜻

믿음이 현실로 나타나는 예를 들어보자.

친척 가운데 암으로 고생하는 사람이 있다든지 뇌경색으로 쓰러졌다는 이야기를 들으면 이상하게도 마음이 좋지 않다.

나는 언어의 힘을 알기 때문에 건강 이야기를 할 때는 '이러다가 심장병에 걸린다', '이렇게 살면 암에 걸린다', '이런 것만 먹으면 당뇨병에 걸린다'는 말을 절대로 하지 않는다.

자율신경계는 실제와 상상 둘을 구별하지 못한다.

심각한 병 이야기를 하면 설령 그것이 다른 사람 이야기라 할지라도 새로운 뇌는 '몹쓸 병에 걸려서 안됐다'는 기분에 반응해서 초조한 감정을 받아들인다.

그러면 자율신경계는 우리를 병에 걸려 고민하는 상태로 만들려고 분주해진다. 생각한 내용을 모두 사실로 받아들이기 때문이다.

'플라세보(위약) 효과'라는 말이 있다.

1970년대 초반의 이야기인데 미국 캘리포니아주립대학 로스앤젤레스 캠퍼스(통칭 UCLA)의 마취생리학 연구실에서 사랑니를 뺀 환자를 대상으로 실험을 했다.

사랑니를 빼면 상당히 아프다. 그래서 진통제인 모르핀을 투여한다.

그런데 많은 환자에게 모르핀이라고 속이고 모양과 맛이 똑같은 가짜 약을 투여했다.

그 결과 가짜 약을 투여한 환자 가운데 60퍼센트 이상은 정도의 차이는 있어도 '아프지 않았다'고 보고한 것이다.

마취생리학연구실에서 내린 결론은 이랬다.

"강력한 진통효과가 있는 모르핀을 맞았다고 믿은 사람의 뇌에는 모르핀과 아주 비슷한 화학물질이 생긴다. 그 물질이 통증을 잊게 한다."

아프지 않다고 느낀 사람의 뇌에는 실제로 모르핀보다 150배~200배 정도의 마취효과가 있는 엔케파린, 베타엔도르핀, 디노르핀 같은 물질이 만들어졌다는 사실이 밝혀졌다.

이 연구 성과는 전 세계에 큰 충격을 주었다. 결과가 발표되자 뇌 호르몬 연구가 활발해졌다.

플라세보 효과의 기본원리는 믿음이다.

믿음이 강하면 그것은 어느새 확신으로 변한다.

사람마다 다르지만 유익하고 긍정적인 믿음은 좋은 결과를 만들고 반대로 불리하고 비관적이라면 나쁜 결과가 나타난다.

믿음은 자율신경계를 움직여 현실로 나타나기 때문이다.

자기상은 노화까지 좌우한다

우리가 먹은 음식은 자동적으로 소화되어 영양소는 체내로 흡수되고 필요 없는 찌꺼기는 배설되어 우리 몸은 쾌적한 상태를 유지한다. 바로 자율신경계의 화학적 반응이다.

만일 음식을 먹은 뒤에 '아까 먹은 생선이 상했으면 어쩌지?'하는 생각을 하면 어떻게 될까?

즉시 아드레날린이 분비되어 혈관이 수축된다. 얼굴색은 나빠지고 위의 혈류도 멈추어 몸 상태는 눈에 띄게 나빠진다. '상했으면 어쩌지?', '배탈이 날지도 몰라' 하는 의식이 체내에서 화학반응을 일으켰기 때문이다.

이런 반응이 좋은 쪽으로 작용할 때도 있다. 앞에서 이야기한 플라세보 효과가 그렇다. 가짜 약을 먹으면서도 통증을 멈추는 효과가 있다고 믿으면 체내에 정말로 마취 효과가 있는 물질이 분비되어 통증이 사라진다.

그러면 마음속으로 '나는 젊다'고 믿는 사람은 어떻게 될까?

플라세보 효과와 마찬가지로 이렇게 생각하는 사람의 혈액 속에는 젊어지는 세로토닌과 베타엔도르핀 같은 물질이 많이 분비된다.

나 역시 이런 경험을 했다. 나이는 일흔이 넘었어도 스스로 아직 젊다고 생각하고 남에게도 젊다는 소리를 듣는다. 내 몸에는 젊다는 의식이 충만해 그것이 화학반응을 일으켜서 젊게 보이는 것이다.

나는 나이를 먹는 것과 노화는 완전 별개라고 생각한다. 평균 수명도 길어져 이제는 백 살 넘게 사는 사람이 1만 8000명을 헤아린다. 내 주위에는 여든이 넘어도 건강한 사람이 많다. 사회에서는 예순 다섯만 넘어도 노인 취급하는데 나는 이 점이 늘 불만이다.

내가 주재하는 〈휴먼 기네스 클럽〉에서도 부르짖는 내용인데 나는 예순 이후 20년이 인생의 황금기(골든 에이지)라고 생각한다.

일찍이 직장에서의 정년퇴직은 곧 인생의 정년을 의미했다. 하지만 이런 사고방식은 크게 잘못되었다. 예순부터를 황금기라고 생각하면, 그에 어울리는 새로운 자기상을 새로 세워야 한다.

무엇보다 일흔이라는 소리를 들었을 때 '나도 이제 늙었구나.' 하고 인정하는 순간 하루아침에 늙어버린 사람도 많다.

그런 사람은 보통 이렇게 말한다.

'이제 나는 현역이 아니니까.'

'연금이나 받으면서 조용히 살아야지.'

'이제 늙은이가 되어 버렸다.'

'집밖에 나가지 않고 손자들과 노는 것이 삶의 기쁨이다.'

이런 생각이 육체적, 정신적으로 노화를 촉진시킨다는 사실을 알고 있을 것이다.

나는 지금도 미제(美製) 할리 데이비슨을 탄다. 그리고 시간이 나면 그것을 타고 애호가들과 함께 홋카이도나 도후쿠(東北)지방으로 일주일 정도 여행을 떠난다.

애호가들의 평균 나이는 50대인데 모두 “이 중에서 사토 선생이 가장 건강하다”고 말한다.

주말에는 요트를 타고 바다에 나간다. 이제 요트 없는 인생은 생각할 수 없을 만큼 깊이 빠져 여든 살에 요트 타기가 목표다.

예순 다섯 때는 캐나다 북극권을 향했고, 한 달 동안 이누이트와 함께 얼음 위에서 북극곰을 추적했다. 날마다 영하 30도를 밑도는 추위 속에서 개 썰매를 타고 이동하며 캠프살이를 했다. 참기 힘든 체험을 하면서도 충분히 견딜 정도로 체력과 기력이 왕성했다.

주위 사람들은 ‘평소에 건강관리를 잘 해서’라든지 ‘강한 의지 덕분’이라고 말한다. 하지만 천만의 말씀이다. 의지 따위는 조금도 강하지 않다.

모두 자동목적달성장치 덕이다. 예전부터 ‘예순, 일흔 살이 되면 이렇게 살고 싶다’고 바라고 생각한 자기상이 있었기 때문이다.

나이에 상관없이 자신이 흥미 있는 일, 관심 있는 분야를 깊이 생각하면 실제로 몸 안에서 화학반응이 일어나 바람이 현실로 나타난다.

입버릇이 내 인생을 만들었다

인간은 머리로 생각한대로 행동한다. 믿음이 강하고 마음속으로 그린 자기상이 명확할수록 그것은 행동으로 여실히 드러난다.

자기상을 더욱 뚜렷이 그리려면 어떻게 해야 할까?

자기상이란 스스로 만든 자신의 모습으로, 자기에 대한 의식이라고 바꿔 말할 수 있다. 의식은 말로 생긴다. 말이 있기 때문에 우리는 사물을 생각할 수 있다.

이미 완성된 의식은 바꾸기 어렵지만 말을 적극적으로 활용하면 새로운 의식을 만들 수 있다.

가장 쉬운 방법이 목적에 맞게 말하는 습관을 들이는 것이다.

자신이 그린 이미지를 말로 표현함으로써 멋진 인생을 개척할 수 있다. 나는 그것을 몸소 체험했다.

나는 홋카이도 키타미시(北見市) 교외의 농가에서 태어나 소년 시절을 야생마처럼 보냈다. 세계 2차대전이 끝나고 중학교를 졸업한 뒤 2년 정도 농사를 짓다 지방의 농업학교에 들어갔다.

결국 남보다 2년 늦게 공부를 시작한 것이다. 성장기의 2년은 어른의 10년과 맞먹는다. 나는 꽤나 어른스러운 고등학생이었다.

당시 나는 책을 많이 읽어 이야깃거리가 풍부했다. 종종 친구들을 모아놓고 재미있는 이야기로 아이들을 웃겼다.

그때 나는 인생의 목표를 이런 식으로 떠들고 다녔다.

"아무리 출세해도 그것만으로는 재미없다. 인생을 마음껏 즐겨야지."

건방지게도 이런 말을 주문처럼 외우고 다녔다. 친구들은 "사토의 이야기는 비록 뻥일지라도 정말 재미있다. 한번 사귀어보고 싶다"는 마음을 전하기도 했다.

열여섯 살 때 내 인생을 크게 바꾸는 책 한 권을 만났다. 《아아 노무기 고개》와 같은 유명한 책을 남긴 야마모토 시게미(山本茂實)가 와세다 대학 철학과에 다니면서 쓴 《살면서 부딪치는 고민(生き抜く悩み)》이 그것이다.

책을 읽으며 그토록 전율을 느낀 것은 생전 처음이었다. 배움이 얼마나 중요한가를 처음으로 깨달은 것이다. 와세다 대학의 사각모를 쓴 저자의 사진도 매우 인상적이었다.

그 일을 계기로 뜨거운 향학열에 휩싸인 나는 '와세다의 사각모를 쓰고 싶다'는 말을 입버릇처럼 떠들고 다녔다.

농업학교를 졸업할 무렵 부모님께 대학에 가고 싶다는 말을 했다. 농가의 장남은 상급학교에 진학하고 싶다는 말도 꺼내기 힘든 시대였기 때문에 부모님은 물론 친척들도 심하게 반대했다. 그래도 뜻을 굽히지 않자 부모님은 결국 친척들을 설득하러 다니셨다.

"우리 집에는 아들이 넷이나 있다. 하나 정도는 집에 남겠지. 장남은 대학에 가서 공부하고 싶어 한다. 허락하고 싶다."

나는 부모님의 사랑에 깊이 감사했다. 내가 살던 지방에서 처음으로 대학에 진학하게 된 나는 청운의 뜻을 품고 상경했다. 1952년의 일이다.

"농가의 아들이니까 농업대학에 가야 한다"고 해서 입학한 곳이 도쿄 농업대학 농예화학과였다. 하지만 졸업 후 학사 편입으로 와세다 대학 정치경제학부에 다시 들어가 와세다 사각모를 쓰고 싶다는 희망을 이루었다.

1년 뒤에는 경제학연구과의 대학원 시험에 합격해 정경학부를 중퇴하고 그 쪽으로 적을 옮겼다. 개인적으로 영어를 가르치거나 번역을 해서 수입도 꽤 많았다.

그 무렵 나는 이런 말을 하고 다녔다.

"나는 닥치는대로 돈을 벌어서 폼 나게 쓸 거다." "영어를 잘 하니 외국 기업에서 능력을 발휘하고 싶다."

대학원 2년째의 일이다. 어떤 외국계 기업의 일본지사가 사원을 모집한다는 사실을 알았다. 일본의 광학 회사가 만든 정밀 기기를 미국에 수출하는 일이었다. 보수는 당시 일본기업 회사원의 3배가 넘었다. 이런 좋은 조건에 끌린 나는 즉시 지원했고, 당당히 채용되었다.

거기에서 마음껏 일에 몰두했다. 예전에 농사를 지어 체력이 강인했으므로 조금도 힘들지 않았다. 확실히 노동자처럼 닥치는대로 일한 덕분에 받은 돈으로 도심에 꽤 넓은 주택을 샀다. 그 뿐만 아니라 밤에는 유흥가에 나가 돈 쓰는 재미도 괜찮았다.

하지만 세월이 흐르면서 매너리즘에 빠지기 시작했다. 꼬집어 말할 수 없는 폐쇄된 느낌에 사로잡혀 인생을 새롭게 살고 싶은 마음이 간절했다.

외국계 기업에서 3년 남짓 일한 뒤, 나는 국립 도호쿠(秋田) 대학 의학부 교양과정에서 교편을 잡았다. 막 개설된 의학부에서 1기생 60명을 상대로 생화학과 유기화학을 가르쳤다.

거기에서 의학부 여성강사에게 다시 영어회화를 배워 영어 능력도 향상시켰고, 의학부에서 뜻있는 학생들과 22인승 요트를 만들어 오키나와까지 가는 계획을 세워 열심히 추진했다.

그러던 중 큰 전기가 찾아왔다.

갑자기 잭 아마다라는 일본계 미국인 실업가가 나를 고용하고 싶다는 뜻을 전해 온 것이다. 이미 실업가로서 이름을 얻은 잭은 일본에서 광학 기기를 만들어 미국에 수출하는 사업을 계획하고, 일본에 '꿈이 있고 행동력이 있으며 형식에 사로잡히지 않고 영어를 할 줄 아는 남자'가 없는지

찾고 있었다. 그 이야기를 들은 내 지인이 나를 추천했고, 곧 만나고 싶다는 말을 했다는 것이다.

잭을 만나 그 사람의 사고방식에 감동한 나는 그 자리에서 함께 일하기로 결정하고 같이 미국으로 갔다. 그 사람 밑에서 철저히 배운 합리적이고 세련된 미국식 사업수완은 나에게 결정적인 영향을 주었다. 그러고 나서 줄곧 일본과 해외를 오가며 일했고, 몇 군데 회사에서 관리직과 임원 그리고 최고경영자까지 경험했다.

마흔부터는 《80세 현역론》을 비롯해 여러 가지 책도 썼다.

쉰이 지나면서 다시 공부에 도전했다. 중퇴한 와세다 대학에 들어가 졸업장도 받았다. 또 세 번째 박사학위인 농학 박사를 따고 나아가 문과계에서도 전문적인 지식을 익히기 위해 MBA도 취득했다.

그리고 지금도 몇몇 직함을 달고 현역에서 일하고 있다. 캘리포니아 주에서 인가 받은 사회인을 위한 학위수여기관인 미국 패튼대학(Patent University of America)의 학장으로서도 활동하고 있다. 몸과 마음의 문제를 전반적으로 인식한 '생활 건강학'이나 '입버릇 이론'을 주제로 한 강연, 저

작 집필, 기업 문제 따위에도 힘쓰고 있다.

지금까지 내 인생을 소개했다. 그런데 나는 농업학교에 진학했을 때나 대학에 진학했을 때, 대학원에서 외국계 회사에 들어갔을 때처럼 인생의 마디마디에서 희망이 실현될 때마다 '그래. 이거야'라고 느낀 적이 있다.

'이렇게 되고 싶다, 이렇게 하고 싶다고 마음먹은 일은 반드시 이루어진다.' '인생은 자신의 입버릇대로 달라진다.' 내 인생은 이 사실을 알아차리면서 더욱 좋은 쪽으로 바뀌었다.

40대가 지나자 그전보다 훨씬 더 의식적으로 자신의 꿈과 희망을 말로 표현했고, 그것은 차차 실현되었다.

그리고 예전에 입버릇처럼 떠들던 말은 모두 현실로 나타났다.

열심히, 또한 재미있게 일한 결과 정말로 원하던 것을 얻었고, 하고 싶은 일을 할 수 있을 만큼 수입도 올렸다.

취미 역시 입버릇대로 되었다. 카메라, 스키, 사냥, 요트, 할리 데이비슨을 타고 여행하기 등 하고 싶은 일은 전부 다 해 보았고 지금도 즐기고 있다.

나에게는 몇 십 년 동안 알고 지내는 전(前) 도쿄 농대 교수가 있는데, 2년 선배인 그는 만날 때마다 “자네는 대학에 다닐 때부터 엄청난 허풍쟁이였다. (지금까지 출판한 몇몇) 책에 쓴 말을 늘 떠들고 다녔다”는 소리를 한다.

결혼도 그랬다. 젊었을 때부터 줄곧 “결혼한다면 여배우랑 하고 싶다”고 했는데(단순하지만 미인은 곧 여배우라는 이미지가 옛날부터 있었다) 정말로 배우인 아내를 만나 결혼했다. 이상하게 생각할지 모르겠지만 틀림없는 사실이다.

말에 담긴 힘에 멸망 당한 '이류 인간' 히데요시

학창시절에 작가 사카구치 앙고(坂口安吾)에게 깊이 빠진 시기가 있다. 그의 연구자라고 해도 좋을 만큼 그의 생애를 열심히 연구했다.

사카구치 앙고의 소설에 말에 담긴 힘을 묘사한 책이 있다. 《이류 인간》이라는 역사소설이다.

영합(迎合)의 천재인 토요토미 히데요시(豊臣秀吉)는 결코 본심은 아니었어도 주군인 오다 노부나가(織田信長)의 환심을 사려고 입버릇처럼 '대륙을 공격하면 확실히 이길 수 있다'는 말을 했고, 실제로 오다 노부나가는 그 말을 듣고 기대에 부풀어 기뻐했다고 한다.

나중에 주도권을 쥐게 된 히데요시는 일찍이 자신이 입버릇처럼 한 말대로 복수를 당한다. 무엇인가에 홀린 것처럼 승산도 없는 대륙출병에 나섰고, 참패한 것이다.

앙고는 그런 히데요시를 '말에 담긴 힘이 얼마나 무서운지 모르는 이류 인간'이라고 단정했다.

이것으로 말과 자율신경계의 매우 신비한 관계를 읽을 수 있다.

자율신경계는 말을 한 사람이 누구인지, 그 말에 진실이 담겨 있는지에 상관없이 작동한다.

또 시간과 공간도 구별하지 않는다. 말하자면 과거, 현재, 미래를 자유롭게 오갈 수 있다는 뜻이다. 몇 십 년 전의 일이라도 기억이 선명하다면 마치 몇 시간 전, 몇 분 전, 아니 몇 초 전에 경험한 것처럼 받아들인다.

나아가 인칭의 구별도 없다. 누가 누구를 칭찬하든 누가 누구를 욕하든지 어디까지나 '말을 한 사람에 관한 일'로 판단해 버린다.

히데요시는 노부나가에게 "마침내 대륙을 공격할 때가 왔다"고 여러 번 말했다. 히데요시의 자율신경계는 노부나가에 대한 말을 '히데요시가 그렇게 하고 싶어 한다'고 판단해 몇 년이 흐른 뒤에 히데요시 자신의 인생에 투영해 버린 것이다.

인격형성에 큰 영향을 미치는 요소 가운데 사고습관이 있다. 생각하는 버릇이라고도 할 수 있다.

'태초에 말이 있었다'는 말처럼 사고습관 앞 단계에 언어습관이 있다. 이것은 내가 말하는 입버릇이다.

우리는 평소에 말하는대로 모든 사물을 생각한다. 또 생각하는대로 말한다. 그런 의미에서 사고 습관과 언어 습관은 전후관계라고 볼 수도 있지만 표리일체로 볼 수도 있다.

사람은 말로 사고가 형성되고, 그 사고가 인격을 그리고 인생을 만들어 간다. 히데요시 이야기를 소개한 것도 그만큼 말이 우리의 인생에 큰 영향을 끼친다는 사실을 강조하고 싶어서다.

말을 바꾸면 인생이 달라진다

말로 자신을 망친 히데요시와는 대조적으로 말을 바꿔서 성공한 친구가 있다.

사업가로 성공해 엄청난 부를 쌓은 친구인데 젊었을 때는 오히려 돈을 벌 줄도 몰랐다.

친구는 일이 잘 풀렸고 취미도 폭이 넓었으며 인간관계도 매우 원만했다. 단, 아무리 노력해도 돈이 모이지 않는 것이 문제였다.

주위의 친구들은 하나같이 고개를 갸우뚱했다. 물론 본인도 이해할 수 없다며 우울한 얼굴을 했다.

친구는 중대한 잘못을 저질렀다.

자란 환경 탓이었는지 부모의 가르침 때문이었는지 '너무 돈을 밝히는 모습은 좋지 않다'고 믿었다. 그래서 입버릇처럼 '돈은 못 벌어도 일은 확실히 한다'고 말하고 다녔다.

확실히 일은 순풍에 돛단배처럼 잘 됐다. 하지만 그런 말을 여러 번 되풀이하는 동안 주위 뿐만 아니라 자기 자신에게까지 일만 하고 돈은 못 버는 남자라는 자기상을 심어 버렸다.

실제로 입버릇처럼 곤란한 인생을 걷는 처지가 된 것이다.

내가 그 점을 지적하자 친구는 자신의 문제점을 깨달았다. 하지만 돈을 모으거나 돈에 집착하는 부정적인 이미지에서 금방 자유로워지지는 못했다. 오랜 믿음은 그렇게 쉽게 사라지지 않는다.

그래서 나는 하는 말을 바꿔보라고 권했다. 말을 바꾸면 틀림없이 의식도 바뀌기 때문이다.

지금까지 하던 말 대신 이런 식으로 하라고 충고했다.

"나는 성실한 사람이다. 창의력을 발휘하며 꼼꼼하게 일한다. 상대방도 반드시 만족한다. 그 결과 돈도 많이 번다."

친구는 앞으로 늘 이렇게 이야기하겠다고 결심했다. 그리고 3년이 지나자 친구는 지금보다 몇 배, 아니 몇 십 배나 많은 이익을 남겼고 손에는 헤아리기조차 어려울 정도로 많은 돈이 들어왔다.

만일 이 친구가 내 입버릇 이론에 '설마'하는 마음으로 귀 기울이지 않았다면 지금도 돈과는 인연이 없는 생활을 하고 있을 것이다.

내 충고를 솔직하게 받아들인 친구는 돈 못 버는 자신이라는 자기상과 이별하고 돈 버는 자신이라는 자기상을 확립하여 인생을 바꾸었다.

나 역시 말의 절대적인 힘을 새삼스레 느끼면서 행복한 인생을 사는 친구를 보며 기쁨을 느낀다.

Good Luck

자기상도 '습관의 산물'이다

우리 일상생활은 '습관의 산물'이 지배한다.

일어나고, 밥을 먹고, 책을 읽고, 글을 쓰고, 기뻐하고, 슬퍼하고, 잠을 자는 행동이든, 얼굴에 나타난 표정이든 입술을 부딪혀내는 말이든 그것은 대체로 습관화 된 언행이다.

일반적으로 이런 습관은 무의식 중에 나온다.

침대에서 내려올 때는 어느 쪽 발부터 딛을까, 양말을 신을 때는 어느 쪽 발부터 신을까, 이런 것을 의식하면서 행동하는 사람은 없을 것이다.

의식해서 해야 할지 무의식적으로 해야 할지 조차 생각하지 않는다. 모두 무의식적으로 하기 때문이다.

전문 피아니스트나 무용가는 무의식 중에 습관화 된 언행을 능숙하게 구사하는 사람들이다.

피아니스트는 악보 없이도 피아노를 칠 수 있고 설령 눈이 멀어도 첫 음계가 나오면 무의식적으로 손가락을 움직인다.

무용가도 스텝을 모두 기억해서 곡이 흐르는 순간 자연스럽게 춤을 춘다. 무의식적인 행동이 습관이 되어 뇌에 정확히 프로그램처럼 저장되었기 때문이다.

하지만 세계적인 피아니스트나 무용가가 처음부터 무의식적으로 잘 할 수 있었던 것은 아니다.

피아니스트는 새로운 곡을 기억하기 위해 한 소절씩 정성껏, 여러 번 되풀이해서 치고 그러는 동안 손가락을 자연스럽게 움직인다.

무용가도 마찬가지다. 처음에는 스텝을 하나씩 기억하고, 자연스럽게 몸을 움직일 때까지 그야말로 수 십 번, 수백 번 연습을 거듭한다.

다시 말해 현재의 습관은 무의식적으로 몸이 움직이는 수준까지 끊임없이 자신을 채찍질한 결과다.

자기상도 마찬가지다. '나는 이런 인간'이라는 믿음은 여러분이 오랫동안 몸에 익힌 사고습관 가운데 하나로, 공기나 늘 몸에 걸치고 있는 옷 같이 익숙한 존재다.

그것이 자신에게 유쾌함을 가져다주고 꿈을 실현시켜주는, 바람직한 자기상이라면 문제가 없지만 그 반대라면 버려야 한다. 용기있게 낡은 사고습관이라는 이름의 옷을 벗어버리자.

낡은 자기상을 버리고 새로운 자기상을 세우려면

우리의 일상생활은 습관이 쌓여서 만들어진다.

아무리 열심히 일해도 결과가 나쁘다.

열심히 하는데 정당한 평가를 받지 못한다.

직장에서의 인간관계가 나쁘다.

비즈니스 성과가 좋지 않은 사람은 반드시 자기상의 바탕을 이루는 사고습관, 사고하는 버릇을 점검해 보자.

이를테면 일의 결과가 좋지 않은 사람은 '나는 요령이 없다', '뒷심이 부족하다'는 부정적인 생각을 하지 않는가? 그리고 자꾸 그렇게 생각하는 동안 실제로 문제가 생겼을 때 '역시 나는 요령이 없어', '끝마무리가 시원치 않아'라고 생각하고 더더욱 그렇게 믿지는 않는가?

그렇다면 반드시 이런 식으로 생각하는 버릇을 버리고 새롭고 긍정적인 생각을 하자. '앞으로는 능력을 발휘할 수 있다.' '반드시 잘 된다.' '틀림없이 팔린다.' 정말로 그렇게 되기를 바라는, 유쾌한 말을 몇 가지 떠올려 새로운 사고습관으로 삼는 것이다.

그러나 하루 이틀에 이렇게 되지는 않는다.

새로운 습관을 몸에 익히려면 낡은 습관이 몸에 뱄을 때와 마찬가지로 어느 정도의 시간이 걸린다. 새로운 습관은 꾸준함, 자리 잡음, 자신감, 확신이라는 과정을 거쳐야 비로소 내 것이 된다.

어떤 사고를 습관화하려면 여러 번 생각하고 말로 표현하고 글로 써서 몸 안에 프로그램처럼 저장해야 한다. 여기에는 일정 기간의 꾸준함이 필요하다.

여러 번 되풀이하는 동안 '하면 될거야' 하는 마음이 싹튼다. 비로소 새로운 생각이 자리를 잡은 것이다.

이 변화를 실감했을 때 '이번에도 잘 된다', '좀 더 잘 할 수 있다'는 감정이 끓어오른다. 그것이 자신감이다.

자신감이 뒷받침되면 '잘 해야지.' 하고 의식하지 않아도 무의식적으로 몸이 움직인다. 힘을 들이거나 긴장하지 않아도 지금보다 더 수준 높은 일을 하는 자신을 발견한다.

이때는 '확신'의 단계에 도달했다고 생각해도 좋다. 새로운 습관은 이런 과정을 거쳐 무의식적인 습관으로 뿌리내린다.

'꾸준함', '자리 잡음', '자신감', '확신'이라는 논법을 바탕으로 새로운 습관을 많이 만들어 쌓아 가는 것이 바로 새로운 자기상을 만드는 길이다.

'되고 싶은 자신'의 이미지를 새롭게 확립해야 자신의 가능성이 넓어진다.

다음 장에서도 이야기하겠지만, 이런 현상은 과학적으로 설명할 수 있다. 그러므로 원리를 정확히 이해하면 불안도 망설임도 사라진다.

여러분은 단지 낡은 습관을 버리고 행운과 성공으로 이어지는 새롭고 쾌적한 습관만 익히면 된다.

제2장

잠자고 있는 '승리 유전자'를 깨워라

오피스텔에서 시작해 600억 엔의 기업으로

1970년대 초에 미국에서 돌아온 나는 일본에도 벤처기업이 활성화되면 좋겠다고 생각해서 퇴근 후의 시간을 이용해 벤처 스쿨 모임을 만들었다. 이 모임은 나중에 '사토 스쿨'이라 부르게 되었고, 1년도 되지 않아 회원이 200명이나 모였다.

그 중에 다른 사람과 완전히 다른 방법으로 이야기를 듣는 남자가 있었다. 그는 늘 몸을 앞으로 내밀고는 열심히 이야기를 들었다. 지방의 관광 회사에 다니는 회사원 M이었다.

어느 날 M은 내 비서를 통해 당시 내가 쓰던 미국제 서류가방을 중고로 살 수 있는지 물었다.

처음에는 '도대체 어떤 사람일까?' 하고 생각했다. 그 서류가방은 일본에서 구할 수 없는 귀중품이기도 하고, 무엇보다 나를 상징하는 물건이기도 했다.

하지만 M을 만나 직접 이야기를 들어보니 왜 그런 말을 했는지 알 수 있었다.

"멋진 비즈니스맨이 되고 싶다면 지금 그렇게 보이는 비즈니스맨을 따라 하라."

나는 그런 말을 자주 했는데, 그 말을 듣고 '멋진 비즈니스맨이 되려면 아무래도 선생님의 서류 가방이 있어야겠다'고 생각했다는 것이다.

나는 M의 이야기에 감동해서 결국 3분의 1가량 되는 값으로 가방을 넘겨주었다.

그 후 M은 오피스텔 한 채를 빌려 건강기구를 파는 작은 회사를 열었다. 있는 재산이라고는 맞벌이하는 아내와 함께 모은 돈 300만 엔이 전부였다.

그는 상업학교를 나왔을 뿐, 특별한 경영이론도 없었다. M의 훌륭한 점은 좋다고 생각한 일을 실행하는 것 한 가지뿐이었다.

그 무렵 나는 아직 이론으로 정리하지는 않았지만 이 책과 같은 내용의 이야기를 '사토 스쿨'에서 여러 번 했고, M은 이 말에 큰 영향을 받았다.

M에게는 꿈과 그것을 이루려는 결단력만 있었다. 하지만 필요할 때 필요한 사람이 나타나 중요한 부분을 도와주었다. M은 의학에 관한 지식이 없었지만 때마침 전문가가 나타나 의료기기와 관계된 특허를 취득하도록 도와주었고, M의 회사는 점점 매출이 늘었다.

이렇게 해서 M은 그 작은 회사를 눈 깜짝할 사이에 판매액 100억 엔의 기업으로 키웠다.

그 뒤 그는 해외로 눈을 돌렸다. 그때는 나 역시 M의 사업에 관련하여 해외 7개 지역에 거점을 만드느라 바쁘게 돌아다녔다. 한참 때는 판매액이 600억 엔에 달했다.

현재 M은 회사를 외국 회사에 넘기고 편안하게 생활하고 있다.

그렇다면 M이 이렇게까지 성공할 수 있었던 까닭은 무엇일까?

하나는 내 이론을 믿고 꿈이 실현되리라고 확신했기 때문이다. 신체적 약점이 있는 M은 '돈을 많이 벌어서 언젠

가는 세계 최고의 의사에게 진찰 받겠다'는 강한 의지가 있었다.

또 한 가지는 감사하는 마음이다. 1장에서도 늘 감사하는 마음이 유쾌한 상태를 만드는 데 필요하다는 이야기를 했는데, 나는 '사토 스쿨'에서도 감사의 중요성을 자주 강조했다. M은 이 말에 느낀 점이 많은 것 같았다.

함께 독일로 출장 갔을 때, 호텔에서 옆방에 묵은 M이 "어머니, 아버지 감사합니다"라고 말하는 소리를 들었다. 오피스텔에서 회사를 차렸을 때부터 죽 그런 것 같다.

M은 어렸을 때 전쟁으로 아버지를 여의었고 어머니도 늘 바쁘셨기 때문에 자신을 잘 돌봐 주지 못했다. 그래서 늘 운이 없고 아무도 자신을 소중히 여겨주지 않는다고 생각했다. 하지만 '현재에 만족할 줄 모르고 감사할 줄 모르는 사람, 지난 날을 좋은 추억으로 간직할 줄 모르는 사람에게는 미래가 없다'는 내 말에 충격을 받은 뒤로는 날마다 진심으로 감사하는 말을 하게 되었다.

이러다 보면 주위 사람들의 고마움도 느끼게 된다. 그것이 다시 사람을 끌어들이고, 그 사람들은 만족과 기쁨을 느껴 M을 위해서 더욱 애써준다. 이런 바람직한 현상이 일어난 것이다.

또 하나, M은 입버릇처럼 "지금도 좋다. 하지만 미래는 더 좋아진다"고 말했다.

여기에서 중요한 것은 M은 성공하기 위해 머릿속으로 이런 저런 방법을 짜내지 않았다는 점이다.

'필요한 사람은 필요할 때 반드시 찾아와 나를 위해 일한다.' 마음속으로 이렇게 믿었다. 날마다 습관처럼 사람들에 대한 감사와 현실에 대한 감사를 말로 표현했다.

그 결과 믿은대로 현실이 움직였다.

M은 '나에게 경영능력이 있으니 회사를 크게 키워볼까? 돈 좀 벌어 볼까?'라는 발상과는 완전히 다른 식으로 생각했다. M이 성공한 원인은 자신에게 경영능력이 없다면 그런 능력이 있는 사람이 자신에게 온다고 믿은 데 있다.

M은 새로운 습관으로 새로운 자기상을 만들어 목표를 달성했다.

이것은 승리 유전자를 깨워 자동목적달성장치를 작동시킨 결과다.

앞으로 그 메커니즘을 설명하겠다.

Good Luck

누구에게나 '승리 유전자'는 있다

인류의 역사는 500만 년 전에 시작되었다고 한다.

그때부터 인간은 천재지변 같은 여러 가지 고난을 겪으며 살아왔다. 그 중에서도 인류에게 찾아 온 가장 큰 위기는 네 번의 빙하기다. 마지막 빙하기가 끝난 것은 지금으로부터 약 1만 년 전이라고 한다.

당시 인류는 이미 털북숭이가 아니었기 때문에 빙하기를 견뎌내는 일이 극도로 고통스러웠다.

어떻게 해야 동굴에서 쾌적하게 지낼 수 있을까? 보온은 어떻게 해야 좋을까? 음식을 비축하는 방법은 무엇일까?

음식은 어떻게 먹어야 가장 힘을 많이 낼 수 있을까? 온갖 지혜를 짜내면서 가혹한 빙하기를 이겨낸 것이다.

그렇다. 인류의 최대 과제는 생존이었다.

무슨 일이 있어도 살아남는 것. 이것이 바로 승리이며 최대의 그리고 유일한 성공이었다. 나는 이 생존이 인간의 바탕이 되었다고 생각한다.

물론 진화하는 과정에서 여러 가지 이유로 멸종해버린 종(種)도 많다. 그런 종은 자손을 남기지 못했다.

하지만 우리 선조가 속한 종은 빙하기를 견디고 자손을 남겼다. 인류 최대의 위기와 싸워 살아남은, 성공을 거둔 사람들의 승리 유전자가 대대로 이어져 지금 우리 안에 들어 있다.

요컨대 우리는 모두 500만 년이나 되는 긴 세월 동안 이기고 성공한 승리 팀의 직계 자손인 것이다. 우리의 바탕에 500만 년을 살아온 우수한 유전자가 있다는 사실은 정말이지 가슴 벅찬 일이다. 지금 우리가 살고 있는 것 자체가 이미 승리다.

그것은 개체인 인간의 승리일 뿐만 아니라 우리를 구성하는 인간 세포 하나하나의 승리이기도 하다.

여기에서 생명의 탄생을 생각해 보자.

수정란 하나가 어머니의 자궁 속에서 자라나 생명으로 태어나려면 먼저 1억 2000만 개 이상의 정자끼리 경쟁을 해야 한다(정자의 수가 1억 개 이하면 불임이 될 가능성이 높고, 7000만 개 이하면 수정이 되지 않는다고 한다).

여성의 질 속으로 들어온 정자도 강한 것과 약한 것이 있다. 강한 정자부터 순서대로 난자에 도달한다. 하지만 난자 안으로 들어갈 수 있는 정자는 대체로 하나 뿐이며 그것은 가장 뛰어난 개체다.

한 사람의 탄생은 1억 수천 만 대 1의 경쟁을 거쳐야 비로소 가능하다. 왜 이렇게 치열하게 경쟁해야 태어날 수 있는 것일까?

'인간은 존속과 번영을 추구하는 종'이다. 따라서 생명이 싹트는 단계에서부터 높은 장애물이 가로놓여 있는 것은 아닐까?

Good Luck

인류 500만 년의 역사를 거쳐 생긴 '승리 체질'

우리에게 공통으로 있는 승리 유전자는 얼마나 강할까? 그것을 알고 있는 사람은 뜻밖에도 적은 것 같다.

우리의 몸을 구성하는 세포는 60조 개나 된다. 그 엄청난 수의 세포에는 틀림없이 이런 글자가 씌어져 있을 것이다.

'Born to Win.'

지금까지 이론을 바탕으로 생각할 때 여러분은 '우리는 이기기 위해 태어났다'는 명확한 메시지를 받았는가?

'뇌는 인류의 진화와 함께 발달했다'고 말했다.

손과 발을 쓰고, 도구를 만들어 사용하며, 말로 의사소통을 하자 사고력과 상상력에 따라 뉴런이라는 신경세포가 늘어나 뇌는 더욱 발달하게 되었다.

사람과 침팬지 유전자를 비교해 보면 겨우 1.8퍼센트를 제외한 나머지는 거의 같다고 한다. 결정적으로 다른 점은 인간에게는 복잡한 사고가 가능하도록 회로를 만드는 뇌세포와 그 증식에 관한 발현유전자가 있다는 것이다.

뇌가 발달한다는 말은 뇌세포 수가 많아진다는 뜻이 아니다. 뇌세포 수는 130억 개 내지 140억 개 정도인데 개수는 태어날 때부터 정해져 있다.

신경세포 하나에서 최대 10만 개의 가지 모양으로 뻗어 나온 돌기(수상돌기)는 다른 신경세포에서 나온 축색돌기와 만나 시냅스라는 연결고리를 만드는데, 이 시냅스가 많아지면 뇌가 발달한다.

시냅스에서 정보전달물질인 아세틸콜린으로 전기적인 신호를 주고받아서 뇌 내부에서 다양한 정보를 교환할 수 있다.

나아가 기억과 지식 정합, 언어의 복잡화, 사상 형성이라는 수준 높은 일을 하려면 뉴런끼리도 결합해야 한다.

어쨌든 시냅스를 늘려 학습할 수 있는 생명체는 인간 뿐이다.

뇌를 발달시키려면 무엇보다 목적의식이 명확해야 한다. 설정한 목적을 달성하기 위해 지혜를 짜내고 창의적으로 궁리하고 학습을 되풀이하는 과정에서 뇌가 더욱 발달하기 때문이다.

뇌가 성장해 지능이 높아지면 그 유전정보를 이어받은 다음 세대의 개체는 승리 유전자를 바탕으로 뇌의 잠재능력을 더욱 향상시킨다.

가능성을 좁히는 '제한유전자'란?

우리에게는 스스로 한계를 두어 승리 유전자의 움직임을 억제하는 제한유전자라는 것도 있다.

제한유전자라는 말은 사실 학술적으로는 존재하지 않지만 알기 쉽게 설명하기 위해 편의상 사용한다.

끊임없이 뇌 기능을 도우면서 생각한대로, 바라는대로 인생을 살게 하려는 승리 유전자와는 달리 제한유전자는 늘 삶에 제동을 건다.

그것은 부정적인 말로 나타난다.

'나 같은 녀석은 성공할 리 없다.'

'평생 돈하고는 인연이 없으니까.'

'어째서 미인하고는 엮이지 않지?'

예를 들어 인간은 오래 살지 못한다. 100세, 200세까지 산다는 건 있을 수 없는 일이라고 생각하는 사람이 있다. 정말로 그럴까? 혹시 제한유전자를 가동시켰기 때문에 그런 생각이 드는 것은 아닐까?

2002년 후생노동성이 조사한 바에 따르면 일본인의 평균수명은 남자가 78.32세, 여자가 85.23세다. 그런데 유전자에 입력된 인간의 평균수명은 100세에서 120세라는 학설도 있다.

현재 생명과학 분야의 최대 과제는 노화 구조를 해명하는 일이다. 고령화 사회가 빠른 속도로 진행하는 가운데 세계적인 관심사는 어떻게 하면 건강을 유지하면서 나이를 먹을 수 있을까 하는 것이다.

이 분야에서 선두인 미국의 노화방지학회가 발표한 내용에 따르면 2047년에는 평균수명이 120세에서 150세에 달할 것이라고 한다.

인간의 수명을 단축시키는 요인에는 제한유전자 뿐만 아니라 스트레스도 있다. 승리 유전자는 여러분의 바람대로 수명을 연장해 주려고 애쓰는데 제한유전자를 가동시켜

'어차피 오래 못 살 텐데'라고 생각하며 스스로 수명을 단축시키는 것은 매우 안타까운 일이다.

한 종(種)이 획득한 환경적응유전자는 다른 종에는 없다. 시시각각 변하는 환경에 적응하면서 승리 유전자를 얻은 종은 자신의 자손에게 그 유전자를 전함으로써 종의 번영을 이끌었다.

'생존은 가장 큰 승리고 최대 기쁨이며 자랑이다. 우리는 선천적으로 이기는 체질을 타고났다.'

나는 늘 이렇게 주장한다. 우리 인간은 자기 존재의 희소가치를 확실히 인식해야 한다. 승리 유전자의 훌륭함과 위대함을 깨달아 자신의 승리 체질을 효과적으로 활용해야 한다.

Good Luck

'승리 체질'은 유쾌한 상태에서 생긴다

늘 유쾌한 상태에 있어야 승리 체질과 행운을 부르는 상태를 유지할 수 있다.

행복한 기분, 만족한 기분, 충실한 기분처럼 기분 좋은 감정으로 가득 찬 상태가 바로 유쾌한 상태다.

나는 지금까지 설레는 마음으로 '이렇게 되고 싶다'고 바란 일들을 모두 성취했다. 행운을 부르는 생활 방식을 터득하기만 하면 행운은 봇물 터지듯 쏟아진다.

그런 의미에서 스트레스는 비즈니스에서도 가장 큰 적이다. 스트레스로 제한유전자가 나타나기 때문이다.

호메오스타시스(homeostasis)라는 말이 있다. 우리말로는 항상성(恒常性)이라고 바꿀 수 있다.

흔히 몸이 자동적으로 쾌적한 상태를 유지하려는 것을 말한다.

음식을 먹으면 소화와 배설을 하고, 온도가 높으면 체온이 올라가 땀을 내서 체온을 정상으로 되돌린다. 반대로 추워지면 땀구멍을 닫아 몸을 보온한다.

우리의 몸에는 선천적으로 이런 자동조정능력이 갖춰져 있다.

인간의 몸에서는 1초에 수억 번 이상 생화학 반응이 일어난다. 하지만 호메오스타시스가 제대로 작동하지 않아 몸의 각 부분과 기능에 이상이 생길 때가 있다. 이것이 바로 흔히 말하는 '자율신경실조증'이다.

꿈과 희망으로 가득 차 있을 때 우리의 몸은 유쾌한 상태에 보조를 맞추지만 반대로 불안이나 걱정거리로 초조할 때는 호메오스타시스가 작동하지 않는다.

사실 인간의 에너지는 대부분 동화(同化)하는 데 쓰인다. 동화란 몸 밖에서 들어온 음식물 따위를 몸에 필요한 성분으로 바꾸는 작용이다.

불안이나 걱정거리로 스트레스를 많이 받으면 동화작용이 정상적으로 일어나지 않고 오히려 이화작용이 일어난다.

이렇게 되면 아드레날린이 분비되어 혈액이 근육계에 모이고, 그 결과 내장계의 상태가 나빠진다. 불안한 상태가 계속되면 위가 허는 등 내장질환이 쉽게 일어나는 것도 바로 이런 이유 때문이다.

비즈니스맨의 호메오스타시스를 깨뜨리는 원인은 여러 가지다.

며칠씩 이어지는 잔업으로 만성 수면부족에 시달린다. 직장에서의 인간관계와 아내의 잔소리, 이런 저런 일로 과음을 한다.

건강에 나쁘다는 사실을 알면서도 하루에 담배를 여러 개피 피운다. 거품경제가 꺼지자 실적이 떨어지면 보너스가 줄고, 심할 때는 보너스 자체가 날아가 버리기도 한다.

극도의 스트레스 상태에 빠지거나 부정적인 상상과 사고에 사로잡히면 몸의 기능은 생명력을 파괴하는 쪽으로 작용하기 시작한다.

고민 때문에 아무리 술을 많이 마셔도 몸은 '몸이 상한다. 삼가야 한다'고 말해 주지 않는다.

간은 아무 말 없이 알코올을 분해하기 위해 열심히 움직이고, 그 결과 다른 중요한 일을 소홀히 한 나머지 몸 전체의 기능이 떨어지며 균형이 깨진다.

비즈니스를 더욱 잘 하려면 먼저 스트레스를 받지 말아야 한다.

Good Luck

진화 과정에서 생긴 '자동목적달성장치'

여기에서 몇 가지 확인해 둘 사항이 있다.

첫째, 사람에게는 선천적으로 꿈을 실현시키는 기능이 있다.

둘째, 대뇌의 상상력에 따라 자율신경계가 소망을 들어준다.

셋째, 좋은 말을 쓰는 습관은 운과 복을 부르는 계기를 만든다.

이것을 뇌의 구조라는 측면에서 보자.

우리 몸의 생화학반응기능을 조절하는 자율신경계에는

뇌에 입력된 꿈과 소망을 실현시키는 기능이 있다.

나는 이 기능을 자동목적달성장치라고 부른다.

이 장치는 항공기에 탑재한 자동조종장치 시스템과 같다.

요즘 비행기는 대부분 자동조종장치로 운항한다.

자동조종장치는 고성능 컴퓨터로 완벽하게 제어된다. 따라서 목적지와 비행도중의 고도, 속도 같은 정보만 입력하면 나머지는 컴퓨터가 알아서 조종하기 때문에 목적지까지 안전하고 정확하게 날아간다.

업무상 목표를 세우려고 할 때, 가령 3개월이나 6개월 뒤의 일은 나름으로 예측할 수 있다. 그러나 5년 뒤나 10년 뒤, 20년 뒤의 목표는 너무 먼 미래라 예측하기 어렵다.

여기에서 자동조종장치의 힘을 빌리면 여러분은 비즈니스 세계에서 이루고 싶은 것, 즉 목적지까지 갈 수 있다.

출퇴근할 때마다 어떤 길로 갈지 일일이 생각하면서 가는 사람은 없을 것이다.

길을 걸어서 지하철역에 도착하면 승강장에 서서 지하철을 기다린다. 지하철이 도착하면 쏟아져 나오는 사람들을 피해 정확히 지하철을 탄다. 환승역에서 길을 헤매지도 않고 회사에서 가장 가까운 역에서 내려 가장 가까운 길로 회사에 간다.

내가 강연을 하러 오사카에 간다고 하자. 강연 장소와 날짜가 정해지면 나는 가장 적당한 교통수단을 골라 예정 시간에 맞게 도착하도록 계획을 짠다.

집이 있는 아타미(熱海)에서 신칸센 고다마호를 타고 시즈오카(靜岡)에서 히카리호로 갈아 탄 다음 신 오사카에 도착한다. 거기에서 자이라이센(在來線. 신칸센과 구별하기 위해 이전부터 있던 철도 노선에 붙인 이름—역주)으로 갈아 탄다. 계획대로라면 강연시작 1시간 전에는 강연회장인 오사카 우메다(梅田) 호텔에 도착한다. 만일 자이라이센이 늦어지거나 하면 나는 택시를 타고 호텔로 갈 것이다.

이런 계획은 비행고도와 풍향, 도착시간 등의 정보를 바탕으로 비행속도와 항로를 자동으로 바꾸는 자동조종장치 시스템과 똑같다. 자동조종장치는 인간의 능력을 그대로 본떠서 만든 인공두뇌이기 때문이다.

인간도 계획만 제대로 세우면 자동장치의 힘에 이끌려 저절로 목적지까지 갈 수 있다. 이것이 바로 자동목적달성장치가 하는 일이다.

이런 일은 우리 인생에서도 일어난다. 다시 말해 뇌의 자동목적달성장치를 잘 사용하면 앞으로의 꿈도 자동적으로 달성할 수 있다.

우리가 반드시 해야 할 일은 자동목적달성장치에 명확한 메시지를 전하고 자동조정장치의 스위치를 올리는 것이다. 이때 긍정, 낙천, 발전과 관련된 말을 골라 적극 사용하는 일이 중요하다.

반면 꿈을 실현하지 못해 고민하는 사람들의 문제는 명확한 꿈을 제대로 입력하지 않았다는 것이다.

또 좀처럼 소망이 실현되지 않는다고 불안해하거나 꿈을 접는 것은 자동조정장치에 잘못된 정보를 입력한 결과가 되어 꿈은 단순히 꿈으로 끝나 버린다.

너무 조심하면
자동작동장치가 작동하지 않는다

안타깝게도 모든 일을 비관적으로 보는 사람이 있다.

'정말로 자동목적달성장치라는 게 있을까?'

'상상하는 일 자체가 서툴다.'

'아무리 상상한다고 해도 정말 머릿속에 입력되지는 않을 거야.'

'상상해도 좀처럼 실현되지 않아. 나에게는 능력이 없는 걸까?'

'역시 타고난 운도, 복도 없기 때문이야'

하지만 이런 식으로 생각하면 안 된다. 우리는 평소에 많은 꿈을 말한다. 저렇게 되고 싶다, 저것이 먹고 싶다, 저런 옷을 입고 싶다는 식으로 자기가 되고 싶은 것, 갖고 싶은 것을 말하고 얻은 순간에는 짜릿한 성취감을 느낀다.

상상력과 말로 눈부신 미래를 그린다. 자주 마음속으로 그리고 말로 표현할수록 미래상은 더욱 구체적인 모습으로 눈앞에 펼쳐진다.

하지만 현실에서는 많은 장벽에 부딪혀 궤도 수정이 필요할 때도 종종 있을 것이다. 이럴 때야말로 자동목적달성장치가 위력을 발휘한다.

인생은 선택의 연속이라고 말한 선인이 있다.

예를 들어 항공기 기장은 상황에 따라 속도와 고도, 각도, 경유지 같은 해당 사항을 선택해야 한다.

이러한 사실관계를 바탕으로 방향을 선택하는 일도 중요하다. 하지만 그보다 더 중요한 것은 정신상태다.

늘 긍정적이고 낙천적으로 사물을 바라보면 상황이 아무리 어지럽게 변해도 자동목적달성장치는 임기응변식으로 대응해 준다. 이때 불안정한 사태를 견디게 하는 장치가 바로 자동작동장치 시스템이다.

'자동목적달성장치'의 과학적 구조

자동목적달성장치를 과학 분야에서 다시 생각해 보자.

뇌간(腦幹)에서 신경세포의 작은 네트워크가 가지 모양으로 뻗어 나와 그물코처럼 되어 있는 곳이 있다. 그곳이 바로 그물활성계(RAS=Reticular Activating System)다.

RAS 기능은 자율신경계의 뇌 시스템과 깊은 관계가 있다는 사실이 밝혀졌다.

자율신경계에는 생각을 실현하려는 자동목적달성장치가 있어 뇌에 필요한 정보가 입력되면 자율신경은 생각을 행동으로 옮기려 한다. 이 기능에 RAS는 어떤 식으로 관련

되어 있을까? 한 가지 예를 들어보자.

여러분이 기차를 타고 가면서 책을 읽는다고 하자. 이때 자율신경계에는 '책을 읽는다'는 정보가 입력된다.

그러면 책을 읽는다는 정보 이외의 것, 다시 말해 옆에 앉은 사람이 떠드는 소리라든지 기차의 소음 따위는 머릿속에 들어오지 않는다.

또 눈앞에 있는 사람과 오랫동안 이야기를 나눌 때도 대화 내용에 푹 빠져서 상대방의 눈과 얼굴만 응시했다면 상대의 옷이나 머리 모양은 기억나지 않을 수도 있다.

인간의 뇌는 기억해야 할 것과 그렇지 않은 것을 순간적으로 판별해서 불필요한 것은 완전히 잘라버리기 때문이다.

이 일을 RAS가 한다. 자동신경계의 자동목적달성장치도 RAS가 선택한 정보만 정확히 구체적인 형태로 나타내려고 한다.

RAS와 자동목적달성장치의 관계에 따르면 우리는 업무와 관련된 목표를 달성하고 싶다고 생각했을 때 RAS가 인정한 만큼의 의욕과 구체적인 생각이 있어야만 성공할 수 있다.

또 RAS 연구가 진행되면서 인간의 의식에도 선택 능력이 있다는 사실이 밝혀졌다. 기호(嗜好) 분야에서도 RAS는 독자적인 선택안(選擇眼)으로 싫은 것은 의식 속에 담지 않는다.

RAS는 확실히 복잡하며 고도의 기능이지만 다음과 같은 부정적인 면도 있다.

다시 말해 RAS는 어떤 의식 아래에서 지시를 내리면 설령 그것이 위험한 일이거나 잘못된 일이라도 그대로 실행할 위험성이 있다.

예를 들면 주인인 인간이 마음의 병에 걸려 '죽고 싶다'는 지시를 내렸다고 하자. 이때 RAS는 '그러지 말라'는 충고는 보내지 않는다. 어떻게 하면 '죽을 수 있을까'를 향해 움직인다.

그러므로 주인인 여러분은 늘 밝고 긍정적인 자세로 건전한 정신과 건전한 의식을 수양해야 한다.

Good Luck

해결책은 생각지 않은 곳에 있다

제2장의 결말로 나의 놀라운 경험담을 들려주고자 한다.

지금 나는 사가미나다(相模灘)가 한눈에 내려다보이는 아타미(熱海)의 오피스텔에서 산다. 2층에는 사무실이 있고 6층에 집이 있다. 눈앞에는 매력적이고 변화무쌍한 표정을 짓는 바다가 펼쳐져 있고, 가까운 마리나에 묶어 놓은 내 요트도 보인다. 시야를 가로막는 것은 하나도 없다. 처음 찾아온 사람은 이 풍경을 보고 "마치 모나코에 와 있는 것 같다"며 감격한다.

2층의 넓은 사무실에는 업무 관련자 뿐만 아니라 요트

승무원들도 자주 들러 이야기소리와 웃음소리가 끊이지 않는다.

이런 환경은 내가 일부러 생각해서 만든 것이 아니다.

1995년의 일이다. 당시 임원으로 근무한 회사는 하와이에 콘도미니엄이 있어 휴가 때 종종 그곳을 이용할 수 있었다. 그 해 8월에도 혼자 그곳으로 가 마음껏 해방감을 맛보았다.

돌아오는 비행기에서는 마침 알고 지내던 방송국 임원이 옆자리에 앉아 그 사람과 이야기도 나누고 읽다 만 책을 보기도 했다.

"무슨 책을 읽으십니까?"

"헤밍웨이의 책입니다."

"아, 선생님은 헤밍웨이 연구가군요."

나는 한 저널리스트가 쓴 《헤밍웨이 쿠바의 날들》이라는 책을 원서로 읽고 있었다. 쿠바의 작은 어촌에 집이 있던 헤밍웨이가 그리움을 담아 묘사한 멋진 바다 정경이 나온 내용에서는 깊은 감동이 일기도 했다.

그리고 내 생각을 그 사람에게 말했다.

"매일 밤 잠들기 전에 집앞에 조용한 호수나 바다가 펼쳐져 있다는 그림을 떠올린 때가 있었습니다. 앞으로는 반드시 그런 곳에 살 겁니다."

그러자 그 사람은 이런 말을 했다.

"지금 생각났는데 아타미에 선생님이 말씀하신 것 같은 집을 판다는 이야기를 들었습니다."

당시에는 아타미를 그다지 좋은 곳이라 생각하지 않았다. 아타미에 별장도 있었지만 거의 이용하지 않아 팔아 버렸다.

하지만 그가 자꾸 "돌아가면 그 이야기를 한 친구에게 물어 보겠다"고 했기 때문에 나도 더는 말리지 않고 내버려두었다.

다음날, 부동산회사 담당자가 전화를 했다. 그래서 가족과 함께 현지로 가 보았다. 방 내부는 아직 수리하기 전이어서 솔직히 말하면 마음에 들지 않았다.

하지만 창 너머 펼쳐진 경치를 보았을 때 나도 모르게 숨이 멎었다. 가족들 모두 "이 집은 꼭 사야 한다"고 외쳤다.

내가 지금까지 입버릇처럼 말하던 곳이 바로 여기구나. 그런 생각이 들었다.

여기에는 후일담이 있다. 이 오피스텔에서 살게 되자 놀랍게도 바로 눈앞에 마리나(요트나 모터보트 따위의 계선장—역주)가 새로 생겼다. 그래서 누마즈(沼津) 항에 묶어 둔 요트를 이곳으로 가져와서 처음으로 사용하기도 했다.

이곳에 집을 얻을 수 있었던 것은 분명히 헤밍웨이에게 감화되었기 때문이다. 이것은 내가 언젠가는 반드시 이루고 싶은 꿈이었다. 하지만 구체적인 방법이 있었던 것은 아니다. '이런 곳에 살고 싶으니 계획을 세워서 땅을 물색하고 집을 짓자……'라는 단계를 밟은 것은 아니란 말이다.

그때 하와이에서 휴가를 보내지 않았다면, 그 비행기를 타지 않았다면, 비행기 안에서 그 책을 읽지 않았다면……. 모두 인연이 있었기 때문이다. '이 일을 하고 싶다'고 뇌에 입력함으로써 생각지도 않은 곳에서 꿈을 실현할 기회가 찾아왔다. 자동목적달성장치의 힘을 실감할 수 있었다.

또 하나, 기업을 경영하는 사람도 아니고 샐러리맨이던 내가 어떻게 이렇게 큰 집을 쉽게 살 수 있었을까?

이 집은 은행 대출을 받지 않고 샀다. 집수리에만 집 한 채 값이 들어갔다. 원래 살던 도쿄 히로오(廣尾)의 아파트도 그대로 있고, 그 밖에 집이 더 있다.

1년 전에는 세계의 바다를 돌아볼 정도로 성능이 뛰어난

4번째 요트도 현금으로 구입했다. 기록을 남기는 의미에서 음식비는 카드로 썼지만 차를 구입할 때도 대출을 받지 않았다.

취직해서부터 부모님의 도움을 받은 적도 없고, 처갓집이 부자인 것도 아니다. 그런데도 어느새 바라던 일을 실현할 수 있을 만큼 큰 돈이 손에 들어왔다.

일에서 좋은 성과를 올렸기 때문에 월급쟁이치고는 상당히 많은 돈을 번 것은 분명하다. 특히 50대에는 다른 사람의 몇 배나 되는 돈을 벌었다.

하지만 나는 '돈을 벌어야 한다'는 생각으로 일하지는 않았다. 나는 언제나 '다음에는 이런 요트를 사고 싶다', '다음에는 이런 일을 하고 싶다'는 꿈을 위해 일했다.

그렇게 늘 마음속으로 꿈을 그린 결과, 그 꿈이 하나 둘 실현되었다. 승리 유전자가 살아남기 위해 사용한 능력은 논리적인 것이 아니다. 현대를 사는 우리의 다양한 꿈과 희망은 인간이 끊임없이 품어왔던 생존이라는 꿈을 확대한 것이며, 그것을 실현하는 메커니즘은 완전히 똑같다.

승리유전자를 깨우면 반드시 생각지 않은 곳에서 소망을 실현할 기회가 온다. 그것은 누구보다도 내가 실감했다.

제3장

이런 '입버릇'이 비즈니스 '운'을 바꾼다

‘허풍쟁이’가 되어라

성공한 사람이 갖추어야 할 재능을 이야기할 때, 데이비드 J 슈월츠가 쓴 책 가운데 한 구절이 떠오른다.

“위대한 업적을 남긴 사람이 다른 사람보다 몇 배 더 많이 일한 것은 아니다. 그가 위대한 업적을 남긴 것은 큰 결과를 생각했기 때문이다.”

‘저 녀석은 원래 허풍쟁이니까’라는 말은 일반적으로 좋은 의미가 아니다.

‘늘 큰소리치지만 한 번도 결과가 좋은 적이 없다. 저런 녀석이 하는 말은 믿지 않는 편이 나아.’

이처럼 때에 따라 그 말은 거짓말쟁이를 뜻하기도 한다.

허풍을 영어로는 빅 토크(big talk)라고 한다. 거짓말은 라이(lie)다. 두 단어에 비슷한 점은 전혀 없다.

빅 토크는 오히려 씽크 빅(think big)이라는 표현에 가깝다. 씽크 빅은 모든 것을 크게 생각한다든지 통 큰 사고방식이라고 번역할 수 있다.

다시 말해 허풍이라는 말은 원래 상식으로는 생각하기 어려운, 통 큰 발상을 의미한다고 해도 좋다.

비즈니스에서 성공한 사람은 너나 할 것 없이 욕망이 크다. 주위에서 "호언장담도 유분수지. 그런 꿈같은 소리를 하면 창피하지 않은가?"라는 소리를 들을 만한 말을 아무렇지도 않게 하는 사람도 있다. 하지만 허풍을 떠는 사람에게는 대담무쌍한 야망, 독특한 발상, 진심으로 성취하고자 하는 욕망, 반드시 성공하겠다는 믿음이 있기 때문에 그는 남들이 부러워할 만한 어마어마한 성공을 거머쥐는 것이다.

어떤 사업가 이야기를 들은 적이 있다.

그 사람은 원래 약장수처럼 이곳저곳 떠돌아다니며 살던 사람이었다. 그런데 어느 날 말의 힘을 깨달았다. 그때부터 그는 늘 큰소리를 치기 시작했다. 그러자 일과 생활환

람만큼 지식이 풍부한 사람은 없을 겁니다. 만일 그 사람을 고용한다면 월급을 얼마나 주시겠습니까?"

질문을 받은 포드는 잠시 생각한 뒤에 "백과사전 값 정도면 되지 않을까요? 그러니까 25달러에서 30달러 정도"라고 대답했다.

너무 적은 돈을 주겠다는 포드의 말에 사회자는 깜짝 놀랐다. "그렇다면 어떤 사람에게 많은 월급을 주겠습니까?"라고 다시 물었다.

포드는 생각할 것도 없이 그 자리에서 대답했다.

"나보다 욕망이 크고 많은 문제를 재빨리 해결할 수 있는 사람이지요. 그런 사람이라면 내 월급보다 더 많이 주겠소."

이는 큰 꿈과 희망, 낭만이 얼마나 소중한지 알고 있는 포드다운 말이 아닐까?

일본에서는 혼다(혼다기연공업)의 창시자인 혼다 소우이치로의 꿈과 낭만이 유명하다.

시즈오카 하마마츠(浜松) 시의 한 작은 공장 경영자였던 혼다는 이륜차를 본격적으로 생산한 지 얼마 되지 않아 당시 세계 최고의 오토바이 경주인 영국 '맨 섬 TT레이스'에 나가기로 결심해 전 세계 레이스 관계자와 이륜차 메이커 관계자들의 비웃음을 샀다.

하지만 혼다의 결심은 확고했다. '오토바이 경주에서 우승하겠다. 이 정도의 기개도 없다면 세계에서 인정받는 오토바이는 만들지 못한다'고 생각한 혼다는 혼자서 '맨 섬 TT레이스'에 참가하기로 결정한 것이다.

몇 해가 지나 '사륜 자동차에 진출하겠다'고 결심한 혼다는 시판 자동차 가운데 히트 상품조차 없는 상태에서 'F1 그랑프리에 나간다'고 선언했다. 역시 전 세계 사람들은 혼다를 제 정신이 아니라고 생각했다.

하지만 이륜차와 사륜차의 세계 최고 레이스에서 타이틀을 획득한 혼다는 과연 허풍쟁이가 아니었다.

혼다의 진짜 목적은 세계 최고 수준의 경주에 참가해서 기술을 연마해 그것으로 시판 수준인 이륜차와 사륜차에 응용하겠다는 것이었다.

그동안 자사 연구실에 나타나 아무리 '성능 좋은 오토바이를 만들라', '혁신적인 기술을 탑재한 차를 만들라'고 해도 좀처럼 성과가 없었다.

그래서 혼다는 이유를 불문하고 세계 최고의 레이스를 기술을 연마할 장소로 설정한 것이다. 이제 혼다는 세계 최고 수준의 이륜차와 사륜차를 생산하는 회사가 되었다.

내뱉은 말은 모두 자신에게 돌아온다

사회생활을 하는 한 여러 사람을 만날 수밖에 없다. 그러므로 남과 어떤 관계를 맺느냐는 중요한 문제다.

내가 좋아하는 말 가운데 기쁨은 세 배로 늘어난다는 말이 있다.

어떤 일로 기뻐하는 상대에게 칭찬을 해 주면 상대의 기쁨은 두 배가 된다. 두 배로 커진 상대의 기쁜 마음은 더욱 부풀어 올라 다시 나에게 전해진다. 다시 말해 기쁨이 세 배가 되어 돌아온다는 뜻이다.

앞에서도 "말은 생각을 형성하고 생각은 행동을 결정하며 인생을 만들어 간다"는 말을 했다. 이것은 대뇌의 지령을 받은 자율신경계가 작용한 결과다.

여기에서 중요한 것은 자율신경에는 자타의 구별이 없다는 점이다. 내가 아닌 누군가에게 "당신은 잘 할 수 있습니다", "○○씨는 훌륭합니다"라고 칭찬할 때도 자율신경계는 '할 수 있다', '훌륭하다'는 말만 받아들여 유쾌한 상태가 됨과 동시에 그 말에 어울리는 행동을 만든다.

주어가 나이든 당신이든 상관없다.

따라서 상대를 칭찬하는 말은 곧 자신을 축복하는 말이다. 그것도 세 배나 되어 돌아오니 적극적으로 상대를 칭찬하는 것이 좋다.

단, 나쁜 말 역시 이와 같은 원리로 자기에게 적용된다는 사실을 주의해야 한다.

결국 누군가에게 '저래서 안 된다니까', '엉망이군'이라고 말하는 것은 자기에게 말하는 것과 같다. 머지않아 자기 자신이 일이 안 풀리고 엉망인 사람이 되어 있다.

술집에서 직장인들이 나누는 이야기만 들어도 일 잘하는 사람과 못하는 사람을 한 눈에 알아 볼 수 있다.

일을 못하는 사람들은 모이기만 하면 상사를 헐뜯거나 동료를 비판하거나 부하직원을 깎아 내린다.

이런 사람들은 자기를 스스로 일 못하는 사람으로 만들고 있음을 깨닫지 못한다. 술집에서 푸념이나 늘어놓으며 술주정하는 사람은 아무리 오랜 세월이 흘러도 출세하기는 글렀다.

없는 자리에서 험담하지 않는다

사람들은 다른 사람을 험담할 때 쾌감을 느낀다.

친근함과 애정을 담은 험담도 있지만 직설적으로 타인에 대한 험담을 할 때의 후련한 기분은 각별하다.

나도 30대 중반까지는 남의 험담을 했다. 재미있고 설득력 있는 험담을 잘 했기 때문에 친구들이 '좀 더 해 달라'며 졸라댈 정도였다. 험담을 한 뒤에는 잘 했다는 묘한 성취감까지 맛보았다.

험담은 대부분 당사자가 없는 자리에서 한다. 그 자리에 없는 사람의 결점을 서로 얼굴도 마주 보지 않은 채 여럿이서 왈가왈부한다. 당사자가 없기 때문에 반론이나 불평을

들을 일도 없다. 흉보는 것도 솜씨가 늘면 정도가 심해지기도 한다.

그러나 한바탕 험담을 늘어놓고 난 뒤에는 대체로 기분이 더 나빠진다.

시간이 지날수록 마치 내가 욕을 먹은 것처럼 기분이 우울해지고 마침내 자기혐오에 빠진다. 이것은 자율신경계가 작용한 결과다.

나도 그런 개운치 않은 기분을 여러 번 맛보았다. 그리고 상대방의 약점을 찌른 말이 곧바로 나에게 되돌아온 경험도 여러 번 있었다.

그래서 남의 험담을 그만두었다. 다행히 그 무렵에는 술을 별로 마시지 않았으므로 남의 흉을 보는 무리에 끼지 않아도 되었다.

원래 험담은 자신의 잣대로 남을 본다는 말이다. 그 잣대가 객관적인지 아닌지 여러분은 알고 있을까?

남의 험담을 하고 싶거나 남의 결점을 찾고 싶을 때는 자신에게 문제가 있다고 생각해야 한다. 남의 장점을 보지 못하면 자신도 성장하지 못하고 행운도 찾아오지 않는다.

자꾸 남의 험담과 욕만 하는 사람은 자신의 인생도 자신이 남을 험담한대로 바뀐다. 일과 상사를 잘못 만났다고 투덜거리는 사람은 언제까지나 원하는 일과 좋은 상사를 만나지 못한다.

이제부터 술을 마실 때는 다른 사람의 단점을 찾아내 험담하는 대신 기뻤던 일, 감사해야 할 일, 존경하는 사람의 이야기를 안주로 삼자. 말로써 덕을 쌓으면 여러분은 틀림없이 자신이 바라던 것을 얻는 행운아가 될 것이다.

성공한 사람은 모두 칭찬을 잘 한다

일을 잘 하는 비즈니스맨은 다른 사람의 장점, 훌륭한 점을 솔직히 인정한다.

'저 사람이 일하는 모습은 정말 좋은 본보기가 된다. 착안점이 훌륭하다.'

이처럼 그들은 다른 사람의 장점을 자연스럽게 평가한다. 또한 선배나 상사를 존경하고 그들이 일하는 모습을 솔직히 평가하며 그것에 자극 받아 자기 자신을 채찍질한다.

비즈니스에서 성공한 사람은 예외 없이 칭찬의 명수다.

칭찬 받아서 기분 나쁜 사람은 없다. 상사가 부하직원에게 의욕을 심어주고 싶을 때 칭찬보다 더 좋은 약은 없다.

다른 사람을 칭찬하거나 격려하는 말은 상대 뿐만 아니라 나 자신에게 돌아오는 효과도 있다.

이것을 실감하면 주위 사람들에게 건네는 말이 완전히 달라진다. 먼저 상대를 부정한 뒤 적당히 칭찬하거나 대충 아무 말이나 골라 격려하는 것은 상대와 자신 모두에게 아무런 도움도 되지 않는다.

몇 가지 구체적인 예를 들어보자.

"겉으로 보기에는 조금 모자란 듯한데 뜻밖에 진지하군."

"붙임성은 없지만 의외로 영업 감각이 있는 것 같아."

이런 식으로 칭찬하는 사람이 있는데, 이것은 칭찬이 아니다. '겉모습은 모자란 듯하다', '붙임성이 없다'는 부정적인 말이 앞서면 상대방은 물론 말을 꺼낸 사람도 부정적인 인격이 형성될 위험의 소지가 있다.

행운을 부르고 싶다면 과감하게 좋은 점만 강조해야 한다.

"진지한 성격으로 믿을 만한 인물이다."

"뛰어난 영업 감각을 부각시키면 다른 분야에서도 활약할 수 있다."

이렇게 상대의 좋은 점만 골라서 칭찬하면 큰 효과를 발휘할 것이다.

또한 부하직원을 독려할 때 소극적인 표현도 삼가야 한다.

"능력껏 열심히 하게."

"안 돼도 좋으니 일단은 적극적으로 해 보게."

이런 모호한 표현은 대부분 부정적으로 작용한다.

"몸과 마음을 다해서 열심히 하게."

'반드시 좋은 결과가 나올 거야. 적극적으로 밀어붙여 봐.'

이런 식으로 격려해야 상대방의 마음속에서도 의욕이 솟아나고, 말을 한 사람한테도 강한 인상이 남아 '나도 열심히 해야겠다'는 긍정적인 상승효과가 나타난다.

Good Luck

어쩔 수 없이 푸념한 뒤에는 반드시 '소독'한다

사회생활을 하다보면 어쩔 수 없이 다른 사람의 험담을 하거나 푸념을 늘어 놓거나 불만을 쏟아낼 때가 있다.

하지만 자주 해서는 안 된다. 한 번 말해서 '마음이 후련하다'면 반드시 사후 처리를 해야 한다.

세미나에 참가한 사람 가운데 30세 정도로 보이는 A라는 여성이 있었다.

A는 대기업 상사에서 근무했는데, 자기 부서에 40대 중반의 선배 여사원이 있었다. 주위 사람들은 선배 여사원을 '공주마마'라고 불렀다.

어느 날, 공주마마가 A를 불러 심하게 야단을 쳤다.

"너, 이러면 곤란해!"

사실은 A의 잘못이 아니었다. 자신이 저지른 실수를 A에게 뒤집어 씌우려고 공주마마는 일부러 여러 사람이 보는 앞에서 A를 꾸중한 것이다.

불합리한 처사에 A는 화가 치밀었다.

그래서 나에게 이렇게 물었다.

"이럴 땐 어떡하죠? 선배여서 참긴 했지만, 아무리 생각해도 이해가 안 돼요. 다른 사람한테 '저 선배 좀 심하지 않아요? 정말 짜증나, 저 아줌마!'라고 말하면 마음이 좀 편해질지도 모르죠. 하지만 그렇게 말하고 나면 기분이 더 나빠질 것 같아요."

나는 이렇게 대답했다.

"화가 나서 견딜 수 없다면 말로 표현하는 방법도 좋습니다. 하지만 반드시 바로 소독해야 합니다."

자신이 지금 다른 사람의 험담을 늘어놓는 것이 정당한 일이라 해도, 너무 심한 욕설로 비난하는 것은 자신에게 손해다.

'화가 났으니까.' '기분이 언짢으니까.' '말하면 기분이 좋아질 것 같아서.' 그런 마음은 이해한다. 그렇다고 해서 상대를 험담해 보았자 무엇이 달라지겠는가? 더더욱 우울해질 뿐이다. 그러므로 소독을 해야 한다.

먼저 험담을 했다면 그 자리에서 이렇게 마음을 가다듬는다.

'이제 마음속 응어리는 사라졌다. 내 안의 독소는 이제 모두 빠져나갔다. 이제는 머지않아 좋은 결과가 생긴다. 이번 일은 좋은 일이 일어날 징조다.'

소독은 상대와의 문제가 아니라 자신의 문제다. 그러므로 자신의 마음을 소독하는 말로 자기에게 말을 걸어야 한다. 입 밖으로 낸 험담을 적극적이고 긍정적인 말로 덮어버리는 것이다.

이것은 말의 악영향을 제거하는 데 매우 큰 도움이 되는 방법이므로 꼭 기억해 두기 바란다.

실패담을 떠벌리면 또다시 실패한다

"순풍에 돛단배 같이 순조로운 인생이군요." "복 받은 인생이 부럽습니다."

나는 이런 말을 자주 듣는다. 확실히 일이나 취미, 친구나 가족 관계 등 모든 면에서 내가 바라던 것을 실현했다. 나는 현재에 만족하고 감사함과 동시에 앞으로의 인생도 더욱 잘 풀릴 것이라 믿는다.

그러나 내 인생에서 모든 일이 잘 풀린 것은 아니다. 실패도 고생도 했다. 20대에 믿었던 친구에게 배신을 당해 괴로움과 쓰라림을 맛본 적이 있다.

그래도 꿈과 희망을 버리지 않은 까닭은 과거에 실패한

일, 고생한 일을 떠벌리면 몸이 실패하기 쉬운 체질로 바뀌어 자꾸 같은 실패를 되풀이한다는 사실을 뼈저리게 실감했기 때문이다.

마음속으로 즐거운 일, 기쁜 일을 생각할 때, 그 소망이 강할수록 뇌의 자율신경계 시스템에 깊이 기억된다. 생각을 말로 표현하면 더욱 강력한 행운 프로그램이 완성된다.

마찬가지로 과거의 실패담, 고생담을 자꾸 늘어놓으면 행운 프로그램과는 반대로 실패 프로그램이 만들어진다. 이 프로그램에 따라 실패에 실패를 거듭하는 악순환에 빠진다.

어렸을 때 나는 도시인에 대해 강한 콤플렉스가 있었다. 나는 그 이유를 홋카이도에서 거칠게 자란 환경 탓으로 돌렸다. 나중에 도쿄에서 공부할 때는 그 콤플렉스가 더욱 커졌다.

그러나 나는 콤플렉스 때문에 껍데기 안에 갇혀 살기보다 한걸음 앞으로 나아가 사람들 속에 합류하기로 결심했다. 확실한 이유도 없이 짊어지고 있던 콤플렉스를 어딘가로 날려버리고 싶었다.

그 뒤로 친구들은 “사토와 이야기하면 활기가 샘솟는다. 네 말은 나를 건강하게 만든다”라고 말했다.

나중에 내가 제창한 입버릇 이론의 실마리가 된 말이 바로 “네 이야기를 들으면 건강해진다”였다. 이것은 ‘자신이 하는 말이 운명을 만든다’는 이론을 확인하게 된 또 하나의 결과였다.

그 후로 실패담은 입 밖에도 꺼내지 않고 그때까지 경험한 것 가운데 좋았던 일, 도움이 된 일만 말했다.

어쩌면 늘 과거에 실패한 이야기보다는 좋았던 일만 말했기 때문에 남들이 더더욱 나를 행운아라고 생각하는지도 모르겠다.

Good Luck

부정적인 말을 긍정적인 말로 바꾸는 법

강연을 하다 보면 하루에 수백 명의 사람을 만난다. 그들과 이야기를 나누다 보면 회사원은 회사나 상사, 주부는 남편이나 아이에 대해 불만을 호소한다.

하지만 인생을 더욱 좋게 바꾸고 싶다면 부정적인 말이 나올 것 같을 때 어떻게 하면 긍정적인 말로 바꿀 수 있는지를 먼저 생각해야 한다. 과거의 실패담이나 고생담, 험담이나 욕, 불평 같은 부정적인 말이 먼저 나온다면 앞으로는 어떻게 하면 긍정적인 말로 바꿀 수 있을지 고심해 보자.

고생담을 예로 들면 다음과 같다.

'아무 것도 모르는 상태에서 일했는데 도와주는 사람도

없어 힘들었다. 그때 생각만 하면 끔찍하다.'

이 말은 이렇게 바꿀 수 있다.

'처음 하는 일이었지만 모두 내 힘으로 해 냈다. 좋은 공부가 되었다.'

또한 험담의 예는 이렇다.

'저 부장은 배짱이 없어. 우유부단하고, 그저 신경질만 낼 줄 알지."

이 말은 이렇게 바꿔보자.

'부장은 진중한 사람이야. 많은 사람들의 의견을 잘 들어주고, 결단을 내릴 때도 시간을 두고 신중하게 생각하지. 성실하다는 증거야.'

마지막으로 이런 불평은 어떤가?

'귀찮은 일은 모두 내 차지군. 잘 한다고 좋은 평가를 받는 것도 아닌데 대충 해야지.'

이 말은 이렇게 바꿀 수 있다.

'나만 할 수 있다고 믿어서 맡긴 일이군. 제대로 해 놓으면 반드시 누군가 알아줄 거야. 열심히 하자.'

여러분은 언제 어디서나 이런 방법을 활용할 수 있다.

가능하면 지금까지 자신이 사용한 부정적인 말을 떠올

려 그것을 모두 긍정적인 말로 바꾸는 연습을 해 보자.

업무 뿐만 아니라 돈, 사랑, 가족, 친구 등과 관련된 어떤 상황에서든 부정적인 말이 나오려고 할 때 이런 방법을 활용해 그것을 긍정적인 말로 바꿔 보자.

그렇게 하는 동안 여러분은 스스로 자신의 말을 믿고 현재를 긍정할 수 있게 된다. 또한 행복한 기분이 샘솟아 마음이 유쾌해지고 좋은 말을 하는 습관이 밴다. 그러면 성공이다. 긍정적인 입버릇은 긍정적인 사고로 이어지고 그것은 마침내 인생의 나침반이 바라던 쪽으로 움직인다.

나쁜 말과 어두운 말을 좋은 말과 밝은 말로 바꿔 우리의 뇌에 행복 프로그램을 저장하자.

제4장

'사고방식'을 바꾸면 한 단계 상승할 수 있다

너무 적극적인 사고는 오히려 일을 그르친다

자율신경계는 새로운 뇌가 그린 이미지가 옳고 그른지, 좋고 나쁜지, 사실인지 아닌지에 상관없이 상상한 것을 실현시키려고 한다.

지금부터 30년 전, 미국에서는 의식이나 스트레스에 관한 과학적 기초연구가 급속히 진행되었다. 그래서 무엇이든 긍정적으로 받아들이고 의욕을 갖고 일을 하면 자신의 한계를 뛰어넘을 수 있다는 사고가 지배적이었다.

다시 말해 마음속으로 강하게 바라는 목표나 욕구, 사상, 동경은 언젠가 꼭 실현된다. 여기에서 적극적 사고라는 개념이 생겨났다.

적극적인 사고는 발전적 사고라고도 할 수 있는데, 일본 사회에도 짧은 시간 안에 널리 확산되었다. 특히 수완가인 비즈니스맨이나 리더십이 필요한 사람들이 매우 환영했다. '이것이야말로 성공을 위한 열쇠'라고 단언할 정도였다.

확실히 어떤 일이든 '이 정도는 아무 것도 아니야!', '좀 더 열심히 하자!', '더 잘 할 수 있어!'라고 긍정적인 사고로 소망하면 목표를 더 빨리 달성할 수 있다. 이는 가장 좋은 방책이기도 하다. 이런 사고는 비즈니스에서 뿐만 아니라 가정에서도 쉽게 할 수 있지만 무조건 받아들이는 것도 위험하다.

오히려 지나치게 적극적으로 사고하면 반드시 심리적인 대가가 따라 극심한 스트레스로 불안과 걱정이 늘며 나중에는 건강까지 악화되기 때문이다.

심리적으로 극심한 스트레스를 받거나 불안, 걱정거리가 있으면 사람은 쉽게 병에 걸린다. 또 그런 상태에서 병에 걸리면 회복도 늦다.

스트레스 호르몬은 노화를 촉진한다

미국에서 의사국가시험을 본 의학부 학생을 대상으로 임상실험을 했다.

일본과 마찬가지로 미국에서도 의사는 사회적으로 지위가 높기 때문에 학생들은 심한 스트레스를 받더라도 어려운 의사국가시험을 통과해 의사가 되려는 욕구가 강할 것이라고 추측했다.

그 점에 착안해 학생들의 혈액에 함유된 호르몬 물질인 인터로이킨2의 변화를 조사해 보았더니 국가시험이 가까워짐에 따라 인터로이킨2의 혈중 농도가 눈에 띄게 낮아졌다.

이 호르몬 수치가 내려가면 면역력이 떨어진다.

대뇌는 사고하는 데 필요한 에너지로 POMC라는 단백질의 아미노산을 사용한다. 불안과 걱정 같은 스트레스가 쌓이면 POMC 분해물질이 아드레날린과 글루코코르티코이드라는 스트레스 호르몬이 된다. 그 중에서 글루코코르티코이드가 문제다.

글루코코르티코이드는 먼저 간에 작용해서 글루코겐(Glucogan)이라는 호르몬의 분비를 촉진한다. 분비된 글루코겐은 간에 쌓여있던 글리코겐(Glycongen)을 포도당으로 분해해 혈액 속으로 내 보낸다. 이렇게 되면 혈당량이 올라가 스트레스라는 위기 상태에서 벗어나는 데 필요한 에너지원이 된다.

그러나 이런 고혈당 상태가 지속되면 당뇨병에 걸린다. 또 글루코코르티코이드를 그냥 놔두면 단백질이 침식되어 근육도 탄력을 잃고 신경계까지 파괴되어 피부가 노화된다는 사실을 알아냈다.

S는 어린 시절의 가난을 딛고 일어나 젊어서부터 유달리 성공하려는 욕심이 강했다.

어떤 일이든 적극적인 사고로 목표를 높게 세웠고, 열심히 일해 목표를 하나씩 달성했다. 천재라고 할 만큼 기발한 발상과 뛰어난 상술로 사업을 크게 키워, 한 때는 수도권에 있는 빌딩 몇 채를 사들였고 해외에도 자산이 많았다.

그러나 몸은 극심한 스트레스를 견디지 못했다. 60세에 병에 걸려 끝내 64세로 세상을 떠났다.

낙천적으로 사고해야 실력을 발휘할 수 있다

젊을 때는 체력과 정신 모두 건강한 만큼 웬만한 스트레스는 이겨낼 정도의 면역력이 있다. 또 다소 무리해도 오히려 스트레스에 대한 저항력이 길러진다.

문제는 나이를 먹으면 심리적으로 면역 호르몬이 줄어들 것이라고 생각한다는 점이다. 따라서 극심한 스트레스는 중장년층에게 매우 위험하다.

이처럼 적극적 사고에는 큰 함정이 있다

그렇다면 목표를 달성하기 위해서는 어떻게 해야 할까? 우리의 뇌에 있는 자동목적달성장치를 제대로 가동시키려면 어떻게 해야 할까?

적극적인 사고에서 한 발 앞으로 나가 낙천적인 사고를 해야 한다.

적극적인 사고는 목적을 달성하기 위해 수단을 가리지 않기도 하고 작은 희생 정도는 감수하는 방식을 선택하기 쉽다.

'무슨 수를 써서라도 출세하겠다', '판매액 1억 엔은 사수하겠다', '경쟁자를 물리치고 싶다고 생각한다'. 단, 항상 남을 의식하기 때문에 심한 스트레스를 받는다.

반면, 낙천적으로 사고하면 상황을 긍정적이고 낙관적이며 발전적으로 받아들이기 때문에 마음에 그린 목적과 꿈, 동경을 편안히 즐기면서 확실한 것으로 실현시킬 수 있다. 다른 사람과의 경쟁이 아니라 절대적인 가치를 자신에게 둔다는 점도 적극적인 사고와 다르다.

어디까지나 자신이 정말로 바라는 것을 중심으로 생각하기 때문에 결과가 어떻든 극심한 스트레스를 받지 않고 마음을 편안하게 유지할 수 있다.

비즈니스를 하다보면 적극적인 사고가 필요할 때도 있다. 하지만 경쟁사회인 만큼 어떻게 하면 유쾌할 수 있는지를 생각하라. 유쾌함은 자신에게 행운을 가져다주기 때문이다.

행운은 믿음과 감사하는 마음에서 온다

미국에서 일하던 때의 일이다. 한 기업가는 사업을 크게 벌일 만큼 유능했지만 남을 의심하는 결점이 있었다.

그 사람은 주위 사람을 온전히 믿지 못했다. 임원들의 방마다 도청장치가 되어 있다는 소문이 돌 정도였다.

그런데 안타깝게도 그는 60세가 되자마자 갑자기 심장병으로 죽었다. 출장 갔다가 호텔에서 쓰러졌는데 손도 써보지 못했다고 한다. 마침 다른 지방에서 열린 심장병 학회에 참석하느라 출장지 주변에 있는 병원에는 뛰어난 심장 전문의가 한 사람도 없었기 때문이다.

남을 믿지 못하고 감사할 줄 모르는 사람이 얼마나 불행한지 내 눈으로 직접 확인했다.

그는 다른 사람의 마음을 헤아리거나 다른 사람을 감싸 안을 줄 몰랐다. 평생 남을 의심하면서 유쾌하지 못한 삶을 살다가 결국은 쓸쓸하게 죽음을 맞이했다.

이런 사건을 보고 들으면서 감사하는 마음이야말로 성공과 건강을 가져다 준다고 확신하게 되었다.

나는 늘 감사하는 마음으로 산다. 집은 아타미에 있지만 신칸센 덕분에 30분이면 도쿄에 갈 수 있다.

신칸센을 타면 나고야, 오사카 쪽으로도 빠르고 편하게 갈 수 있다. 탈 때마다 '시절 참 좋아졌네. 덕분에 정말 편하게 다닌다'며 감사한다.

그런데 개중에는 '이런 것이 생겨서 늘 도쿄로 출장 가야 하니 귀찮다'고 생각하는 사람도 있다.

이런 생각을 하면 행복해지지 않는다. 감사할 거리는 우리 주변에서 얼마든지 찾을 수 있다. 전기나 수도, 가스 시설도 일본이라는 선진국에 태어난 덕분에 누릴 수 있는 것이다.

세계에는 기본 시설조차 제대로 갖춰지지 않은 나라에

서 힘들게 생활하는 사람이 많다.

자율신경계가 모든 생명활동을 조절해 주는 덕에 숨을 쉬거나 물을 마실 수 있고, 그렇게 해서 생명을 유지할 수 있기 때문에 울고 웃고 화내며 기뻐할 수 있다.

감사하는 마음은 자신에게 돌아온다

N이라는 친구는 비즈니스에서 큰 성공을 거두었다.

그는 빈손으로 회사를 세워, 눈 깜짝할 사이에 한 해 매출 100억 엔이라는 대기업으로 키웠다. 사업을 시작하기 전부터 모든 일에 감사하는 마음을 잊지 않았고 뭐든지 긍정적으로 받아들였다.

잔뜩 찌푸린 날에는 '날씨가 왜 이렇게 궂어'가 아니라 '오랜만에 우산을 쓰는 것도 기분 좋은 일이지'라고 말했다. 감기에 걸려서 기침을 할 때도 '며칠 동안 쉬지 않고 일했더니 몸이 먼저 알고 휴식을 취하라는군. 고마운 일이야'라고 말했다.

N은 사업을 시작하고 나서 본인도 노력했지만 N의 인격과 비즈니스 방법에 호감을 느낀 사람들이 잇따라 나타나 N의 사업을 도왔다.

N의 솔직하고 성실한 자세와 주위 사람들과 조화를 이루고 아랫사람을 배려하며 관용을 베푸는 마음이 주위 사람들에게 좋은 인상을 심어주었다. 또 기업윤리만 내세우지 않고 사회공헌에도 관심을 기울이는 마음 씀씀이가 높은 평가를 받아 어려울 때마다 많은 사람들의 도움을 받았다.

기업의 규모가 커지자 은행장을 지낸 뛰어난 인재가 기업 운영을 맡아 주었고, 기업 회계는 회계검사원의 장(長)이었던 인물이 감사직을 맡아주는 식이었다.

필요할 때 가장 알맞은 인물이 나타나 바라던 대로 일을 해 주었다. 모든 일에 감사하는 마음이 행운을 부른 것이다.

Good Luck

희망이 있어야 예측 불가능한 현재를 살 수 있다

나는 자동목적달성장치에 관해 한 가지 지론이 있다.

인류 역사에서 자율신경계가 인간의 상상을 실현시키는 프로그램은 대체 언제 형성되었을까? 아마 수렵 시대일 것이다.

약 500만 년의 인류역사 가운데 정착생활을 시작한 것은 불과 1만 년 전, 농경과 목축을 시작하면서부터다. 그 전에는 먹이를 찾아 떠돌아다니며 살았다.

우리나라에서 농경 생활이 시작된 시기는 기원전 4천 년 무렵이므로 그전까지는 이동생활을 했다.(우리나라 예로 바꿈—역자의견)

약 500만 년이라는 인류의 역사에서 볼 때 인류가 문명 생활을 한 시간은 찰나에 불과하다.

그 짧은 시간에 프로그램이 완성되고 정착되기는 어렵다. 결국 인류의 뇌는 수렵 생활을 하던 시대에 발달했고 그 과정에서 인류의 수렵 뇌가 형성되었다고 할 수 있다.

수렵은 오로지 남자가 하는 일이었으며, 먹고 살려면 산과 들로 나가 사냥을 해야 했다. 그런 정경을 상상해 보자.

남자들은 짐승 떼가 지나가기를 기다린다. 하지만 언제 나타날지는 아무도 모른다.

따라서 교대로 망을 보고 나머지는 집터에 모여 파수꾼의 전갈을 기다린다.

그저 기다리기만 하면 심심하기 때문에 무언가를 했을 것이다. 당시에도 술이 있지 않았을까? 산머루 열매를 그릇에 담아 두기만 해도 포도주가 된다. 자연 발효한 술을 돌려 마시면서 남자들은 이런 대화를 나누며 시간을 보냈을 것이다.

"이번에야말로 반드시 내 창으로 짐승의 숨통을 끊어 놓겠어."

"그래, 너라면 할 수 있어. 요즘 부쩍 솜씨가 좋아졌더군."

"그러는 너야말로 네 특기인 고리 던지기로 한 마리 잡아 줘."

"좋아. 요전에는 세 마리를 잡았으니 이번에는 여섯 마리도 자신 있어."

"그래? 한꺼번에 여섯 마리나 잡으면 당분간은 먹을거리 걱정은 안 하겠군."

언제 나타날지 모르는 짐승을 기다리면서 술을 마시며 허풍을 떤다.

일주일, 이주일 길면 한 달 넘게 기다리는 일도 드물지 않았을 것이다. 그래도 그들은 오로지 사냥감을 사로잡을 꿈을 꾸었다.

사냥할 꿈을 꾼다, 짐승 떼가 나타난다, 잡는다, 꿈을 이룬다, 성취감으로 기분이 좋아진다. 꿈을 꾸면 유쾌해진다.

이 과정을 되풀이하면서 인류의 뇌는 수렵 뇌가 되었다. 동시에 자동목적달성장치도 만들어졌다.

이 수렵 뇌는 희망의 뇌라고 바꿔 말해도 좋다.

사냥을 하는 동안 무엇인가를 바라고 기다리던 마음이 사냥을 하면서 뇌에 새겨졌고, 그것이 오랜 시간에 걸쳐 유전자 정보로 자손에게 이어졌다.

지금 우리는 희망이 있다는 사실만으로도 유쾌함을 느낀다. 이것은 몇 백 년 동안 전해 내려온 유전자가 짐승을 잡아서 편하게 살고 싶다는 본능에 합치하며 동시에 짐승을 잡아서 기뻤던 기억으로 이어지기 때문이다.

미래가 불확실할수록
꿈과 희망이 싹튼다

언제 나타날지 모르는 짐승을 잡기 위해 희망을 잃지 않고 기다리던 선조들의 마음은 불확실한 시대를 사는 현대인들에게도 이어졌다.

단적으로 말하면 희망이 있는 사람만 예측할 수 없는 시대를 살아갈 수 있다.

불확실한 시대를 살아가는 능력은 목표를 실현해 가는 자신의 모습을 긍정적으로 받아들이는 상상력이라고도 할 수 있다.

예를 들어 영업직원이라면 회사 백 군데를 돌아도 계약을 따내지 못할 수 있다. 또 기획실 소속이면서도 몇 달 동안 변변한 기획을 내놓지 못할 수도 있다.

꿈과 희망을 그리거나 목표를 뇌에 입력하는 작업에는 미래의 가능성을 긍정적으로 받아들여 '반드시 실현시키겠다'는 강한 의지가 필요하다. '어차피 해도 안 된다'고 생각하는 사람은 미래의 가능성을 말할 자격조차 없다.

이런 사람은 설령 몇 가지 소망이 실현되어도 '이번에는 안 될지도 몰라'라든지 '늘 잘 풀릴 수는 없지'라는 부정적인 감정에 지배되어 '실패하느니 차라리 아무 것도 하지 않는 것'이 유쾌한 상태라고 착각한다.

이러면 예측 불가능한 현실 세계에서 살지 못한다.

'반드시 할 수 있다', '꿈을 이룰 수 있다'고 낙천적으로 생각할수록 꿈이 쉽게 실현되는 것은 이런 이유에서다.

물론 상황에 따라 궤도를 수정하거나 목표 자체를 변경해야 할 때도 있다.

하지만 그때도 변함없이 긍정적으로 생각해야 한다. 우리에게 뿌리내린 희망의 뇌는 꿈과 희망이 사라지면 자가중독증상을 일으켜 건강을 파멸시키기 때문이다.

그런데 현대인은 예측 불가능한 상황에서 희망을 찾는데 서툴다. 확신이 없으면 불안해 하는 사람이 많다.

예를 들면 다른 일을 하고 싶은데도 직장을 옮기지 못하고 현실에 만족한다. 흥미 없는 직업인데도 부모님 얼굴을 봐서 어쩔 수 없이 입사한다. 서른 넘어 노처녀라는 소리는 듣기 싫어서 좋아하지도 않는 남성과 결혼한다…….

이것은 본래의 꿈이나 희망과 완전히 멀어지는 경우다.

미래가 불확실하기 때문에 더더욱 꿈과 희망을 그릴 수 있다.

인류는 수렵생활을 하면서도 꿈과 희망을 잃지 않고 살아남았다. 아무래도 획일적인 현대 교육이 현대인의 선천적인 능력을 망가뜨리고 있는 듯한 기분이 든다.

여러분은 어떻게 생각하는가?

Good Luck

위기가 닥쳤다면 단숨에 기분을 전환하라

필리핀 마닐라의 쉐라톤 호텔 안에는 한 때 내 진료소가 있었다. 그래서 일본과 현지를 셀 수 없이 자주 오가느라 필리핀 항공의 단골이 되기도 했다.

어느 날 마닐라에서 일본으로 가던 길이다. 아무 생각없이 창 밖을 보았는데 내가 탄 비행기가 산맥에 닿을 듯 말 듯 위험하게 날고 있었다.

잠시 후, 기내방송이 나왔다.

"현재 비행기의 엔진 2기 중 하나가 고장 났습니다. 지금 한 쪽 엔진으로만 비행중입니다. 마닐라 공항으로 회항합니다."

퍼스트클래스에는 손님이 몇 명 있었다. 방송이 나온 순간 승객들은 공포에 휩싸였다. 순간 나도 '상황이 좋지 않군. 이대로 산맥에 부딪혀 죽는 건 아닐까?'하며 암담한 기분이 들었다.

하지만 곧 마음을 바꾸었다. '기장은 회항한다고 했다. 소란을 피운다고 해결될 문제도 아니다. 별 일 없을 것이다'라고 속으로 말했다. 그러자 놀랍게도 두려움이 사라졌다.

가까이 앉은 네덜란드인이 물었다.

"엔진 하나로는 어림없어요. 당신은 두렵지 않습니까?"

나는 지체 없이 대답했다.

"괜찮습니다."

내 안에 깃든 불안감을 떨쳐버리고 싶을 때는 어떻게 해야 할까? 먼저 낙천적으로 말하면 내 불안은 물론 다른 사람의 불안까지 사라진다고 확신했다.

나는 네덜란드 사람의 얼굴을 가만히 들여다보면서 말했다.

"저는 비행기를 조종해 본적이 있어서 잘 압니다. 이런 비행기는 설령 엔진이 하나 고장 났다고 해도 끄떡없습니다."

생거짓말은 아니다. 한 번 뿐이었지만 미국에 있던 시절, 조종해 본 적이 있었다.

네덜란드 사람은 숨을 크게 내쉬면서 안도했다. "그게 정말입니까? 다행이군요. 정말 다행이에요." 마음이 편해진 그 사람은 큰 소리로 "아무 문제도 없답니다. 비행기를 잘 아는 이분이 괜찮다고 하네요"라고 말했다.

그때까지 흥분해 있던 다른 승객들도 순간 평정을 되찾았다. 불안한 마음이 완전히 사라진 것은 아니지만 적어도 공황 상태에서 벗어날 수는 있었다.

그리고 착륙하는 동시에 모두 환호성을 지르며 일어섰다.

Good Luck

'그래도 불안'하다면 이렇게 맞서자

중대한 위기에 직면했거나 궁지에 몰렸을 때 맨 처음 머릿속에 떠오르는 말은 무엇인가? 이 점에 주목하여 많은 체험자에게 물어보았다.

대부분의 대답이 '어떻게든 되겠지', '괜찮다', '분명히 잘 된다'였다. 이런 말로 자신을 안심시켜 역경을 이겨내는 사람이 압도적으로 많았다.

반면, 회사가 도산하거나 자기파산, 직장에서 잘리는 등 봉급생활자로서 비참한 체험을 한 사람에게 물어본 결과는 '이제 끝났다', '나는 아무 일도 못 한다', '잘 될 리 없다'는 대답이 대부분이었다.

부정적인 말을 하면 뇌는 못하는 이유를 열심히 찾는다. 해결할 수 있는 상황이어도 그 쪽으로는 생각하지도 않고 할 수 없는 자료만 찾아낸다. 그 결과 '안 된다', '불가능하다'고 확정한다.

'사람은 늘 자기가 내뱉는 말대로 인생을 산다.'

뇌는 자기가 한 말, 생각, 상상에 즉시 반응한다.

'정말 잘 될까?', '그렇게 잘 되면 누구나 행복하게 살겠지, 나는 아닐 거야'

아직도 이렇게 불안감에서 벗어나지 못한 사람도 있을 것이다. '무슨 소리인지는 잘 안다. 이해한다. 하지만 인생이 그렇게 만만한 것은 아니다'라고 말하는 사람도 있을 것이다.

하지만 맨 처음에 내뱉은 한마디가 뇌를, 그리고 여러분의 인생을 지배한다는 이야기는 사실이다.

가능한 낙천적이고 긍정적인 말부터 하자. '잘 풀린다'는 한마디로 스트레스를 날려버릴 수도 있다.

스트레스란 일종의 공포심이다. 늘 공포심에 사로잡혀 있으면 글루코코르티코이드라는 스트레스 호르몬이 다량으로 분비되고 글루코겐이 활성화되어 혈당치가 높아짐에 따라 건강을 해친다는 이야기는 앞에서도 했다.

낙천적인 말로 두려움과 불안을 없애면 뇌는 차차 긍정적인 말을 찾으려고 한다. 이어서 자신감이 솟아나면 자신도 모르게 어려움이 어려움으로 느껴지지 않는다.

'어떤 일이든 나에게 도움이 된다', '내가 해결하지 못할 일은 없다', '해결책은 생각지 않은 곳에 있다', '지금은 눈에 띄지 않아도 해결책은 반드시 있다'

이렇게 자신만만한 말을 하게 된다.

걱정거리의 96퍼센트는 실현되지 않는다

어렸을 때의 이야기다. 외갓집이 가깝기도 했고 어머니가 맏딸이기도 해서 나는 초등학교에 들어갈 때까지 외갓집에서 자랐다.

외갓집에는 할머니와 증조할머니가 계셨다. 두 분은 나를 몹시 사랑해 주셨고 밤에는 늘 증조할머니와 함께 잤다.

당시 홋카이도의 농촌에는 전기가 들어오지 않아 밤이면 등불을 밝히고 살았다. 증조할머니는 늘 일찍 잠자리에 드셨는데 나는 초저녁이어서인지 좀처럼 잠을 이루지 못했다.

그러면 증조할머니는 날마다 도깨비이야기를 해 주셨다. 너무 무서워 증조할머니에게 꼭 매달렸다가는 어느새

잠이 들었다.

나는 도깨비나 귀신은 없다고 생각한다. 하지만 솔직히 조금 무섭기는 하다.

이성으로는 실재하지 않는다고 생각하지만 어렸을 때의 선명하고 강렬한 체험이 적잖은 영향을 주어 자율신경계를 통해 '도깨비나 귀신은 무섭다'는 잠재의식이 만들어졌기 때문이다.

이처럼 걱정거리는 도깨비나 귀신을 무서워하는 마음과 같다.

인간의 몸과 마음은 밀접하게 연관되어 있다. 아직 일어나지도 않은 미래의 나쁜 일을 걱정이라는 형태로 의식에 떠올리면 우리의 몸은 즉시 반응한다.

어디까지나 상상의 산물일 뿐인데 걱정거리가 있으면 얼굴색이 나빠지고 식욕도 떨어져 몸이 망가진다.

원래 걱정거리의 80퍼센트는 '실제로는 일어나지 않는다'고 한다. 그렇다고 나머지 20퍼센트가 '반드시 일어난다'는 말은 아니다.

나머지 20퍼센트 중에서도 몇 퍼센트는 대비하거나 마

음가짐만 바꿔도 피할 수 있다고 하니, 걱정거리가 현실이 될 확률은 4퍼센트에 지나지 않는다.

그래도 '인간이기 때문에 걱정거리는 영원히 사라지지 않을 것'이라고 말하는 사람도 많다.

실제로 걱정을 많이 하는 사람은 한바탕 웃고 말일도 고민 고민하다 병이 들어 눕기도 한다.

여기에서 다시 한 번 강조하고 싶은 것은 평생 '걱정이다', '불안하다', '힘들다'고 말하면 정말로 그렇게 될 가능성이 높아진다는 점이다.

불안이나 걱정에 대처하는 방법은 일어날지 모르는 일은 '좋은 일은 일어나지만 나쁜 일은 절대로 일어나지 않는다'고 믿고 부정적이고 비관적이며 소극적인 말은 절대로 입 밖에 내지 않는 것이다.

자신을 안심시키듯 혼잣말을 해 보자. 말의 힘으로 좋은 이미지가 자꾸 떠올라 마음이 편해진다. 마음이 편해지면 자율신경계가 작동하면서 믿을 수 없는 능력을 발휘할 수 있을 것이다.

Good Luck

실패는 소중한 경험이다

내가 경험한 일화를 소개한다.

외국계 회사의 일본 지사에 근무했을 때의 일이다. 어떤 과제의 책임을 맡고 몇 명이 팀을 짜서 일을 추진했다.

어느 날 아침이었다. 팀에서 가장 나이 어린 직원이 납품 날짜를 지키지 못해 거래처에 큰 손해를 끼쳤다. 변명할 여지도 없는 큰 실수였다. 아무리 어리다고 해도 어엿한 회사원인 만큼 웃고 끝낼 문제가 아니었다.

하지만 나는 절대로 책망하는 말은 하지 않았다. 자신이 저지른 실수가 얼마나 큰지는 본인이 가장 잘 안다. 내가 화를 낸다고 해서 없던 일이 되는 것도 아니고 이미 엎질러진 일을 꾸중한다고 주워 담을 수도 없다. 책망한 쪽도, 꾸중들은 쪽도 서로 나쁜 감정만 쌓일 뿐이다. 당시에도 말의 힘을 알고 있었기 때문에 더더욱 책망하고 싶지 않았다.

그래서 "어떻게 된 거냐"고 묻는 대신 "자네, 아주 소중한 공부를 했군. 이런 경험은 돈을 주고도 할 수 없지"라고 말했다.

흔히 위기는 기회라는 말처럼 이번 실수는 자신을 성장시킬 기회이기도 했다. 실수를 한 직원을 보조하는 것이 상사가 해야 할 일이다.

이럴 때 얼마나 긍정적인 말을 하는가가 승부를 판가름한다. 이럴 때 하는 말은 큰 효과를 발휘한다.

나는 풀이 죽은 부하 직원에게 말했다.

"상사는 이럴 때를 위해서 있는 거지. 자네 실수 정도는 내가 어떻게든 해 줄 수 있네. 그렇지 않으면 상사라고 할 수 없지."

사실 뾰족한 수도 없었다. 하지만 그 말 한마디에 부하 직원은 마음을 놓았고, 나는 나대로 '어떻게든 되겠지'하는 자세로 일을 할 수 있었다.

결국 모든 일이 잘 해결되었다.

사회생활을 하면서 이런 경험을 여러 번 했다. 하지만 아랫사람이 어떤 실수를 저질러도 책망한 적은 없다.

아랫사람의 실수로 거래처와 문제가 생기면 "이런, 이번에는 내가 활약할 차례군." 이렇게 말하고 욕을 먹으러 간다.

그러면 부하 직원과의 신뢰도 돈독해진다. 그리고 아랫사람의 부주의도 감싸주고 거래처와 관계까지 좋아진다면 결과적으로는 내가 능력있는 사람이라는 증거가 된다. 위기란 그런 능력을 키울 수 있는 좋은 기회다. 실패를 소중한 경험으로 바꿀 수 있는 사람은 바로 나 자신이다.

예측할 수 없지만 미리 '할 수 있다'고 말한다. 이것도 중요하다.

성경에도 '하나님은 그 사람이 감당할 수 있는 만큼의 시련만 주신다'는 구절이 있다.

문제처럼 느껴지는 일이 생기면 해결할 수 있는 문제라고 생각하고 말로 표현해 보자. 그렇게 하면 자동목적달성장치가 작동해서 반드시 해결책이 생긴다.

다음은 낙천가가 되기 위한 사고법칙이다. 이렇게 생각하면 분명히 생기가 돌고 용기가 솟아나며 목적이 저절로 달성된다.

첫째, 나에게 도움 될 일만 일어난다.

둘째, 나 스스로 해결할 수 있는 일만 일어난다(스스로 해결하지 못하는 일은 결코 일어나지 않는다).

셋째, 문제를 해결하는 방법은 생각지 않은 곳에 있다(그러므로 지금 당장 방법이 없다고 포기해서는 안 된다).

지금 당장은 힘들어도 이 말부터 해 보자. 그러면 좋은 결과가 올 것이다.

Good Luck

목표를 구체화하려면 '닮고 싶은' 인물을 찾아라

영어에 '휴먼 스킬'이라는 말이 있다.

이것은 사람이 더 나은 삶을 살기 위해 구사하는 기술 가운데 하나로 '아무개'가 되는 것이라는 뜻이다.

'아무개가 되다'는 말은 흉내를 낸다는 뜻이 아니다. 여기에서 중요한 것은 '저 사람처럼 되고 싶다'가 아니라 이미 '내가 곧 저 사람이다'를 전제로 행동한다는 말이다.

존경할만한 사람이 있고 그 사람의 삶을 내 삶에 투영하면서 모든 일을 생각하고 대처한다. 이 습관은 그 사람의 인생에 좋은 영향을 끼친다.

내가 존경하고 사랑하는 사람은 작가 어니스트 헤밍웨

이(Hemingway, Ernest Miller, 1899~1961)다.

1953년에 퓰리처상과 이듬해인 1954년에 노벨 문학상을 받은 20세기를 대표하는 위대한 작가로, 헤밍웨이만큼 전 세계 남성들의 부러움과 존경을 한몸에 받은 작가도 드물 것이다.

왕성한 창작 의욕으로 수많은 명작을 내놓았고 세계 여러 곳을 두루 돌아다니며 사냥과 요트, 낚시 같은 다채로운 취미를 즐겼으며 신념을 갖고 스페인 내전에까지 참가하는 용기까지 있었다.

완벽한 인간이 아니기에 빈축을 사기도 했지만 전 세계 사람들은 헤밍웨이가 죽은 뒤에도 여전히 그를 존경한다.

나도 헤밍웨이의 작품을 읽으면서 그의 세계관, 인생관, 인생철학에 공감했고, 실제로 만난 적은 없지만 깊이 존경하게 되었다. 내 휴먼 스킬 대상은 바로 헤밍웨이다.

내 삶에서 헤밍웨이의 영향을 가장 크게 받은 부분은 바로 요트다. 아쓰미 바닷가에 살기 때문에 사무실과 집에서 요트 정박지를 내려다 볼 수 있고, 내 요트 돛대도 볼 수 있다. 마음만 먹으면 언제든 출항할 수 있는 축복 받은 곳이다.

또 하나는 사냥과 총이다. 이것은 취미의 범주를 넘어서

거의 전문가 수준이라고 자부한다. 총잡이로서 경력은 요트보다 훨씬 길어, 전문잡지에 실린 기사만 100여 편이 넘는다.

《총을 정복하는 즐거움》이라는 전문서적도 냈다. 와세다 대학에 다니던 무렵에는 사격부를 코치했고, 도호쿠(秋田) 대학 강사시절에도 사격 대회에 많이 나갔다.

국제적으로 활발하게 활동했다. 미국을 비롯해 캐나다, 러시아, 뉴질랜드, 아프리카 여러 나라에서 사냥을 즐겼다.

요트와 사냥, 총… 모두 내 인생에서 빼놓을 수 없는 즐거움이다. 이러한 삶은 세계 각지를 여행하고 요트와 사냥을 사랑하며 낚시를 즐겼던 헤밍웨이에게서 영향을 받았다.

나는 곤란한 일에 빠지거나 사업을 확장하려고 할 때, 다른 회사로 옮길 기회를 얻었을 때처럼, 인생의 갈림길에 섰을 때마다 늘 헤밍웨이가 되어서 이런저런 생각을 했다. 그렇게 하면 생각지도 못한 해결책이 떠올랐다.

내가 '헤밍웨이처럼 위대한 사람은 나와 아무런 관계가 없는 존재'라고 생각했다면 지금 어떻게 되었을까?

닮고 싶은 대상이 반드시 세계적으로 유명한 사람이어야 할 필요는 없다. 무명인이어도 좋고 가까이에 있는 사람이라도 상관없다. 여러분이 마음속으로 존경하는 인물이라면 그것만으로도 자격은 충분하다. 또 여러 사람에게 존경받을 만한 점을 모아서 가공의 인물을 만들어도 좋다.

존경할 만한 사람이 있다는 것은 인생의 큰 재산이다. 다른 사람을 얼마나 존경할 수 있느냐에 우리의 존재가치가 있다고 해도 과언이 아니다.

그리고 다른 사람을 존경할 줄 알아야 비로소 다른 사람에게 존경을 받을 수 있다.

여러분도 '이런 사람이 되고 싶다'고 생각하는 인물을 찾기 바란다.

제5장

비즈니스 인생을 바꾸는 행동전략

일찍 자고 일찍 일어나는 습관으로 몸의 리듬을 되찾자

하루를 시작하는 아침은 매우 중요하다. 오늘 하루 그리고 내일, 좀 더 먼 미래로 이어지는 중요한 출발점이기 때문이다.

직업에 따라서는 저녁에 일을 시작하는 사람도 있겠지만 여기에서는 아침을 하루의 출발점으로 본다. 먼저 일찍 일어나는 습관을 들이자. 사람의 몸은 본래 일찍 자고 일찍 일어나면 쾌적함을 느낀다.

하루 종일 태양과 달, 그리고 지구의 움직임에 따라 인간의 몸도 달라지기 때문이다. 이런 몸의 변화를 '사카디안 리듬'이라고 한다. 나도 40대에 시작한 조깅을 계기로 일찍 자고 일찍 일어나는 습관이 몸에 배었다.

50대에 접어들자 '인생이 내 생각대로 되었다'고 실감했다. 그전에도 많은 꿈을 실현했지만 인생이 크게 달라진 것은 이때부터다. 긍정적인 말과 사고 습관, 그리고 운동 습관이 몸에 배었기 때문이기도 하지만 일찍 자고 일찍 일어나는 습관도 한몫 했다고 확신한다.

밤 11시부터 새벽 2시 사이에 숙면하면 부신피질호르몬이 분비되어 스트레스에 지친 몸의 피로가 풀린다. 이런 내용은 책에서 읽어 알고 있었지만 몸으로 실감한 것은 실천하면서 부터다. 이 시간에 푹 자면 대여섯 시간만 자도 충분하다.

반대로 새벽 두세 시까지 깨어 있으면 부신피질호르몬이 분비되지 않아 피로가 풀리지 않고 노화가 진행된다. 또 새벽 무렵에는 쾌락 호르몬인 베타엔도르핀이 분비된다. 이 호르몬은 기분을 상쾌하게 하고 의욕을 높여준다. 이 시간에 깨어 있으면 베타엔도르핀 효과를 보지 못한다.

결국 밤늦게 자면 피로도 풀리지 않고 몸의 리듬도 깨진다. 예로부터 뛰어난 예술가들은 대체로 아침 일찍 일어났다는 이야기를 들었다. 이 말은 일리가 있다.

아침에 나누는 말이 하루를 좌우한다

하루를 기분 좋게 시작하려면 일어나는 시간 뿐 아니라 말에도 신경 써야 한다.

행운을 부르려면 말하는 법을 의식해야 한다. 특히 아침에 하는 말에는 여러분의 인생을 결정지을 만큼 엄청난 힘이 있다.

생각해 보자. 자기가 내뱉은 말은 반드시 자기에게 돌아온다고 했다. 밝고 긍정적인 말을 하면 기분도 밝고 긍정적으로 변하고 어둡고 부정적인 말을 하면 역시 기분도 그렇게 된다.

아침에 가족과 싸우고 불쾌한 기분으로 회사에 가면 회

사에서도 동료와 말다툼을 하게 되고, 결국 하루 종일 톱니가 어긋난 것처럼 모든 일이 꼬인다. 여러분도 그런 경험이 있을 것이다. 이것은 하루를 여는 아침에 한 말이 그날의 기분을 결정하기 때문이다.

이것을 일주일, 한 달, 일년이라는 단위로 보면 어떨까? 하루하루 긍정적으로 보낸 사람은 일주일, 한 달, 일년이 즐겁다. 그렇지 않은 사람보다 비즈니스든 사생활이든 큰 격차가 벌어지는 것은 당연하다.

가령 A와 B라는 회사원이 있다고 하자.

'상쾌한 아침이군. 날마다 활기차고 열심히 일해서 가족을 부양할 수 있을 만큼 번다는 건 행운이야. 세상에는 몸이 아프거나 일자리가 없어서 고민하는 사람도 있는데 그에 비하면 나는 얼마나 다행인가?'

A는 아침마다 이런 생각을 하며 가족에게 "잘 잤니?", "날씨 좋지?"라며 기분 좋게 말을 건넨다.

'아, 또 하루가 시작되는 건가? 오늘도 쥐꼬리만한 월급 받겠다고 뼈 빠지게 일하겠군. 정말 일할 기분 안 나네. 나처럼 불쌍한 인간이 또 있을까.'

B는 이런 생각에 아침부터 언짢은 얼굴이다. 가족과 말

도 하지 않는다.

두 사람이 나이도 같고 학력도 같으며 지위와 수입까지 비슷하다 해도 10년, 20년 뒤의 인생은 완전히 달라질 것이다.

나는 지금까지 수많은 비즈니스맨을 만났다. A와 같은 그룹에 속하는 사람들은 기분 좋은 말을 하고 쾌활하다. 목소리도 우렁차고 발음도 정확하다. 어려움에 직면해도 '어떻게든 잘 될 거야', '틀림없이 이겨내겠다', '나라면 할 수 있다', '좋아, 열심히 해 보자'며 늘 긍정적으로 생각한다. 아침마다 긍정적인 말로 자신을 유쾌하게 만들기 때문이다.

이런 습관을 들이려면 처음에는 의식적으로 해야 한다.

눈 뜬 순간부터 가족에게 부드럽게 말을 건네 보자. 화장실에서 세수하면서 자신에게 '오늘도 열심히 하자'라고 말해 보자.

비가 내린다면 '비가 오니 참 좋네.' 하고 말해 보자. 이유를 댈 필요는 없다. 기분 좋은 말로 표현하는 것이 중요하다.

아침을 먹으면서 "오늘도 맛있는 밥을 먹을 수 있어서 감사하다"는 말을 해 보자. 밥을 먹고 나서는 "맛있게 잘 먹었습니다. 고맙습니다. 오늘도 열심히 일 할게요"라고 말하자.

혼자 사는 사람도 마찬가지다. 밥을 먹기 전에는 '맛있게 먹어야지', 먹고 나서는 '잘 먹었다. 맛있는 걸 먹으니 힘이 솟는 걸. 일하는 것도 즐거워'라고 말해 보자.

어려움에 직면했거나 정신적으로 침울할 때일수록 더욱 그렇게 말하자. 아침에 일어나 '괜찮아, 잘 될 거야', '꼭 해결할 수 있어'라는 긍정적인 말로 자신을 격려한다.

사업에서 크게 성공한 N이라는 친구는 날마다 감사하다는 말을 큰 소리로 말한다. N은 나에게 이런 말을 자주 했다.

"하루를 시작하는 아침에 큰 소리로 고마운 마음을 표현하면 의심과 사악함, 시기, 질투 같은 감정이 깨끗이 사라지고 마음 깊은 곳에서 상쾌함이 밀려든다."

나는 몇 십 년 동안 아침마다 이런 말을 한다.

"내 끝없는 잠재의식은 모두 신의 것이다. 신, 바꿔 말하면 무한한 지성이고 지혜이며 바로 드넓은 우주의 예지이기도 하다. 마음의 평안과 부, 재물, 돈, 번영, 건강, 명성, 모든 것이 신을 상징한다. 나는 신의 인도로 마음의 평안과

부, 재물, 돈, 번영, 참된 건강, 명성을 얻었다. 마음 깊이 신에게 감사한다."

이것은 이제 습관이 되었으며 기분 좋은 아침을 만드는 데 빼놓을 수 없는 의식이다. 이런 말로 아침부터 감사와 기쁨과 의욕이라는 유쾌한 이미지가 몸에 스미면 틀림없이 오늘 하루도 멋지게 보낼 것이다.

'유쾌함'을 만드는 조깅

유쾌해지려면 감사하는 마음가짐이 가장 중요하다고 했는데, 운동을 하는 것도 좋다.

그 중에서 조깅이 효과적이다.

생명력의 원천은 에너지고, 그 에너지원은 칼로리(열량)다. 음식으로 섭취한 당분이 세포내의 미토콘드리아라는 소포체 안에서 타면서 발생하는 에너지가 생명 활동의 연료가 된다.

또, 그 연료는 저온에서 연소한다. 그 때문에 비타민과 미네랄이라는 촉매가 필요하다.

석유난로를 예로 들어보자. 연료가 많아도 산소가 없으

면 불완전연소를 일으킨다.

요즘 사람들은 음식을 많이 먹는다. 과식(연료 과다)하면 불완전연소가 일어나 그을음만 생긴다. 이런 그을음 성분에 해당하는 과산화지질은 모든 병의 원흉이며 노화를 촉진한다.

건강을 지키려면 연료의 연소효율을 높여야 한다. 그러기 위해서는 대량의 산소가 필요하다. 이때 가장 효과적인 방법이 적당한 운동이다.

나는 직장을 다니던 무렵부터 지금까지 몇 십 년 동안 아침마다 달리기를 했다. 건강을 유지하기 위해서이기도 하고, 또 세포가 좋아하기 때문이다.

조깅을 하면 혈액순환이 잘 되고 근육과 뼈가 튼튼해지며 중성지방을 연소시켜 신진대사를 촉진한다. 그 뿐만이 아니라 조깅을 하면 뇌에 쾌락 호르몬이 만들어진다.

이렇게 되면 기분이 유쾌해져 행운을 부르는 원동력이 된다.

1970년대에 미국에서 조깅 붐이 일었다.

해군 상급 의사였던 케네스 쿠퍼는 건강을 유지하는 데는 유산소 운동이 효과적이며, 미국인에게 많이 생기는 심장병을 예방하려면 가벼운 조깅으로 폐 기능을 강화하는 것이 좋다는 결론을 내렸다.

조깅은 순식간에 미국 전역으로 퍼졌는데 그때 러닝 하이(running high) 현상이 문제가 되었다.

조깅 붐이 일면서 교통사고를 당하는 사람이 급증했는데, 원인은 달리는 사람의 단순한 부주의가 아니었다. 어느 정도 달리다 보면 기분이 좋아지고 몸이 가벼워지면서 황홀한 상태에 빠진다. 이렇게 되면 정면에서 달려오는 자동차도 장난감처럼 보이는 하이 상태가 되는 것이다.

이것이 사회적인 문제로 대두되면서 원인을 철저히 규명하기에 이르렀다. 황홀한 상태를 만드는 물질은 베타엔도르핀과 엔케팔린(enkephalin)이라는 쾌락 호르몬이었다.

이 일을 계기로 쾌락 호르몬을 연구하기 시작했다. 먼저 무리해서 빨리 달릴 때는 쾌락 호르몬이 분비되지 않는다는 사실을 밝혀냈다.

천천히 달리기 시작한 지 15분 정도 지나자 뇌에 쾌락 호르몬이 분비되고 혈액 속으로 방출되었다. 이 때문에 상쾌함과 황홀감을 느꼈던 것이다. 이 상태는 약 3시간에서 5시간 동안 지속되었다.

기쁨이나 쾌락, 만족, 충실감 등과 직결되는 쾌락 호르몬은 앞서 말한 두 가지 호르몬 외에도 인터로이킨2, 테스토스테론 등 20종류 이상이 발견되었다.

그 중에서도 베타엔도르핀이 가장 강력하다. 상쾌함과 황홀감 뿐만 아니라 면역력 향상과 스트레스 내성(耐性), 뇌기능을 활성화하는 효과도 있다.

베타엔도르핀에는 중독성이 있다. 조깅을 3개월 정도 꾸준히 하면 베타엔도르핀의 포로가 되어 달리지 않고는 못 배긴다.

이 정도 되면 날마다 힘들이지 않고 유쾌한 상태를 맛볼 수 있다.

조깅하는 습관으로 활기찬 생활을 하자

나는 마흔이 넘어서 뒤늦게 조깅을 시작했는데 헤아릴 수 없을 정도로 많은 도움이 되었다.

잠을 푹 자고 새벽 3시 반에서 4시 무렵에 일어나 조깅을 한 다음에 가족과 밝게 인사를 나누면 아침부터 온 몸에 쾌감 호르몬이 퍼져 출근을 해도 기분이 좋다.

졸린 눈을 비비면서 출근한 사람들은 업무에서 뒤처질 수밖에 없다. 이 시점에서 승부는 이미 결정났다. 중요한 결정을 내릴 때도 독창적인 토론을 벌일 때도 나는 늘 능력을 최대한으로 발휘할 수 있었다.

아침에 일찍 일어나는 습관은 내가 공부를 다시 시작했

을 때도 효과를 발휘했다.

완성하고 싶은 연구 논문이 있어 62세에 직장을 다니면서 대학원 박사과정에 들어갔다.

하루 종일 연구에 몰두할 수 있는 학생과 달리 연구에 많은 시간을 할애할 수 없는 상황이었다. 하지만 나는 박사과정을 수료하기까지 3년 동안 매일같이 새벽 3시에 일어나 6시까지 연구하고 논문을 집필하는 데 시간을 보냈다.

그 다음에는 조깅을 하러 나간다. 1시간 정도 달린 뒤 집에 돌아와 아침을 먹고 출근한다. 이런 생활을 3년 동안 계속했다.

회사 일을 마치고 저녁을 먹은 뒤 10시쯤 되면 잠자리에 들었다. 일주일에 한두 번은 일을 하느라 늦게 잘 때도 있었다. 하지만 대학원 박사과정 3년 내내 나는 몸과 마음 모두 최상의 상태를 유지했다. '새벽에 3시간 공부하는 것은 낮에 하는 6시간과 맞먹는다'는 사실도 몸소 느꼈다. 옆에서 보는 사람들은 힘들지 않느냐고 했지만 나 스스로 좋아서 한 일이기 때문에 기쁨이 더 컸다.

배움 자체의 즐거움은 물론 상쾌한 아침을 보내는 습관이 나를 지탱해 준 큰 힘이었다.

Good Luck

평소에 운동을 꾸준히 하자

요즘 비즈니스맨들의 다리와 허리가 허약해져서 걱정이다.

지하철역에서는 계단 대신 에스컬레이터를 이용하고 가까운 거리도 택시를 타고 가는 모습을 쉽게 볼 수 있다. 건물 입구에서 만난 어떤 회사원은 1층에서 3층까지 엘리베이터를 타고 갔다.

운동이 부족하면 근육이 약해진다. 그러면 비즈니스맨에게 빼놓을 수 없는 다리의 힘도 약해지고 유쾌하게 일하기도 어려워진다.

내가 아침마다 조깅을 한 뒤에 반드시 하는 동작이 있다. 운동생리학을 공부하는 과정에서 알게 된 사실인데 허리를 낮추고 무릎을 구부린 자세로 다리를 올렸다 내렸다 하면(마치 스모 선수처럼) 근육을 자극해 젊음과 건강을 유지하는 데 매우 효과적이다. 허리를 낮추어 근육을 자극하면 혈관에 쌓여 있던 노폐물을 없애는 효소가 몸 안에 만들어지기 때문이다.

일찍이 검술의 명인이 건강하게 장수했던 것도 대부분이 허리를 낮추고 무릎을 구부려 몸을 단련한 것과 무관하지 않을 것이다. 현대 운동에서 말하면 스키를 타는 자세가 그렇다. 80, 90대 베테랑 스키어도 드물지 않다.

인간의 근육 가운데 70퍼센트는 다리와 엉덩이에 모여 있다. 그래서 노화가 가장 빠른 곳도 다리와 엉덩이 근육이다.

달리기는 대퇴부의 수축을 이용하는 운동이다. 따라서 다리 근육을 움직이면 등골신경을 통해서 대뇌신피질의 감각신경이 자극을 받아 뇌의 움직임이 활발해 진다.

허리를 낮추고 무릎을 구부린 자세로 다리를 올렸다 내렸다하는 자세도 대퇴부를 비롯해 다리 근육을 활용한다.

나는 아침마다 조깅을 끝내고 이 동작을 30번 정도 반복한다. 100에서 자기 나이를 뺀 횟수만큼 하면 적당하다고 생각하기 때문이다.

헬스클럽에서 바벨을 드는 근육 훈련도 효과가 있다. 하지만 너무 무거운 물건을 들면 피로가 누적되어 오히려 스트레스가 심해지는 역효과를 부를 수도 있다.

다리 들기 체조는 기구도 필요 없고 언제 어디서나 가볍게 할 수 있으므로 오늘부터 당장 해 보자.

반복학습으로 사고회로를 개혁한다

앞에서도 이야기했듯이 나는 쉰 살이 넘어서 공부에 도전했다. 이것은 어떤 일에 도움이 되고 싶어서가 아니다. 내 안에 생긴 막연한 불안감을 해소하기 위해서였다.

막연한 불안감이란 이렇다.

나는 생화학 부문 과학자이면서 한편으로는 경영 세계에서도 많은 경험을 쌓아 이론은 많이 알았다. 하지만 이대로 물러나면 평범한 할아버지가 될 것 같았다. 사고회로가 굳어 있다는 사실을 알고 있었기 때문이다. 비행기로 말하면 제트기가 아니라 구식 레시프로엔진(Recipro Engine)을 단 비행기와 같다.

이미 《80세 현역론》이라는 책도 썼지만 이렇게 지내면 쓸모없는 사람이 되지 않을까 생각했다.

그래서 '좋다, 머리에 슨 녹을 닦기 위해 다시 한 번 대학에 가자'고 결심했다.

나는 일찍이 도쿄 농업대학을 졸업한 뒤 와세다대학에 학사 편입했다. 하지만 학부 도중에 수사(修士. 일본 학위 제도 가운데 대학원에서 2년 이상 공부한 뒤에 받는 학위—역주) 과정으로 진학했고, 수사과정도 외국계 기업에 취직하느라 중퇴했기 때문에 졸업장을 받지 못했다. 그래서 다시 한 번 와세다 대학에 들어가 2년 동안 열심히 공부하기로 했다.

하지만 어려운 문제가 생겼다. 국제관계론이나 법학 같은 내용이 좀처럼 머릿속에 들어오지 않았다. 선생님은 논리 정연하게 가르쳤지만 내게는 이론을 이해하는 회로가 없었던 것이다. 강의를 세 과목 정도만 들어도 녹초가 되었다.

그러던 중 갑자기 이런 생각이 들었다. '도대체 나는 왜 와세다 대학에 왔을까? 옛날부터 들어가고 싶어했던 대학이고 제대로 졸업하지 못했기 때문에 졸업장을 받으려고 왔다. 그렇다고 해서 무엇이 달라지는가? 도움이 될 것도 없다. 훌륭해지는 것도 아니고 이 학력으로 취직할 것도 아

니다.'

많이 생각한 끝에 내린 결론은 하나였다. '내 사고회로를 바꿔야겠다. 이런 기회는 다시없다.' 젊은 교수에게 이론을 구축하는 방법과 기승전결을 풀어 가는 방법을 배우고 싶었다. 그러기 위해 대학에 간다는 점을 확실히 했다.

시간이 지날수록 수업을 따라갈 수 있었다. 하던 일도 있고 때로는 강연도 해야 했기 때문에 시간은 넉넉하지 않았지만 2년 만에 해냈다. 이 일은 나에게 재산이라고 할 만큼 좋은 경험이다.

여기에서 힘을 얻은 나는 이전부터 하고 싶었던 농학 박사 학위도 따고 MBA에도 도전했다. 그때 동기생은 11명이었는데 물론 내 나이가 가장 많았다. 그 중 2학년을 수료한 사람은 다섯 명밖에 안되었는데 그 안에 내가 들었다.

내가 이렇게 학습증후군 상태가 된 것은 회사에서는 얻을 수 없는 만족감 때문이다. 배움은 인간을 유쾌하게 한다. 우리의 몸은 본질적으로 배우는 것을 좋아한다는 사실을 50세가 지나서야 체험했다.

내가 즐거움에 빠져서 열심히 배운 내용은 결과적으로 그 후의 인생에 큰 도움이 되었다. 새로운 사고회로가 생겼기 때문이다. 그때 배운 사고방식과 조사하는 법, 정리하는 법이 말할 때나 책을 읽을 때 항상 배어 나온다.

그렇다고 해서 모두 대학에 가라는 소리는 아니다.

다만, 많은 사람들은 취직이나 기술 향상 같은 목적을 위해서 공부하고 대학원에 가는데 그런 틀을 뛰어넘으면 어떨까? 목적이 없어도 하고 싶은 일을 실행으로 옮기면 반드시 새로운 길이 열릴 것이다.

접어 두었던 꿈을 찾아보자

뭔가 하고 싶은데 그것이 무엇인지 모르는 경우가 있다.

학교에 들어가고 졸업한 뒤에 취직한다는 식으로, 아무 생각없이 다른 사람과 똑같은 길을 선택한 사람 중에 이런 사람이 많다.

하지만 본인이 의식하든 말든 꿈꾸거나 하고 싶었던 일은 마음속에 남아있기 마련이다. 흔히 '마음속에 접어 둔 꿈이 있다'고 한다. 정말 그렇다면 조금이라도 더 젊은 시기에 찾아보자.

나도 공부 외에 하고 싶은 일이 많았다. 홋카이도에 있는 농장에서 자라서인지 어렸을 적부터 사냥에 관심이 있었다. 공기총이라도 좋으니 쏴보고 싶다는 생각을 했다. 하지만 너무 어려서 그럴 수 없었다. 전쟁이 끝나고 오토바이가 나왔을 때도 너무 멋져서 타보고 싶다는 생각을 했다. 하지만 그 꿈도 금방 실현되지 않았다.

하지만 꿈을 버리지 않으면 그것을 실현할 수 있는 시기가 온다.

원하던 총은 모두 소지했고 가장 좋은 오토바이인 할레데이비슨도 타 보았다. 헤밍웨이 영향으로 동경하던 요트도 탔고, 고등학교 때부터 좋아하던 카메라도 가졌다. 내 마음속에는 이런 꿈이 들어 있었다.

'글을 써보고 싶다'는 소망도 아주 어렸을 때부터 품었다. 고등학교 때는 '남자는 강인해야 한다. 하지만 시도 쓸 줄 알아야 한다'고 생각했다. 씨름으로 전국체전에 나갈 만큼 운동을 좋아하면서 동시에 문학청년이기도 했다. 만년필로 원고지에 글을 쓰는 것에 낭만을 느껴 '작가가 되고 싶다'고 생각했다.

이것도 저절로 실현되어 지금 이렇게 글을 쓴다.

마음속에 접어둔 꿈을 찾으면 인생이 풍성해 진다. 일상

생활에서는 얻을 수 없는 사물을 보는 법과 느끼는 법을 알게 된다. 그리고 꿈을 이루려고 노력하는 것 자체가 우리의 마음을 유쾌하게 만든다.

사람의 평균 수명이 길어진 요즘은 정년 후에도 시간이 많다. 그 시간을 충실하게 보내기 위해서도 어렸을 적의 꿈과 소망을 다시 한 번 되돌아보고, 하고 싶은 일을 찾아야 한다.

지금 당장 마음속에 접어 두었던 꿈을 펼쳐보자.

일류가 되고 싶다면 일류를 알아야 한다

물건에 욕심이 있는 사람이 일도 잘한다.

극단적인 말일지 모르지만 지금까지 많은 비즈니스맨을 만나면서 느낀 점이다. 목표가 있는 사람, 되고 싶은 자기상이 있는 사람은 크게 성장한다. 나는 사람을 볼 때 이 점을 살핀다.

물욕이 없는 사람은 결론적으로 꿈이 없기 때문이다.

꿈은 '저것을 갖고 싶다'는 마음에서 시작된다.

H.A 매슬로(A. H. Maslow) 박사의 욕구단계설을 보면 물건이나 경제적인 것에 욕구가 없는 사람은 한 단계 더 높은 욕구, 다시 말해 어떤 단체에 소속되어 애정을 주고받는 욕

구나 존경받고 인정받고 싶은 욕구, 가장 상위에 있는 자아 실현욕구까지 이르지 못한다.

그런 의미에서 '명품은 싫다'고 말하는 사람은 다시 한 번 생각해 보자.

'루이뷔통은 싫지만 구치는 좋다'면 그것은 좋고 싫음에 관한 문제이기 때문에 상관없다. 하지만 무조건 명품에 거부반응을 보이는 것은 '나는 좋은 물건을 알아보는 눈이 없다', '좋은 상품은 갖고 싶지 않다'고 말하는 것과 같다.

좋은 품질과 뛰어난 디자인 등 명품에는 그 만큼 명품이 될만한 이유가 있고, 직접 써 보고 명품의 가치를 아는 것도 매우 중요하다. 그렇게 하면 좀더 수준 높은 것을 찾게 되고 따라서 자기의 수준도 높아진다.

명품에 혐오를 느끼는 사람은 분명히 자기 안에 원인이 있다.

이것은 물건 뿐만 아니라 인생에서 만나는 사람도 마찬가지다.

젊을 때 가능한 한 많은 물건을 써서 안목을 기르자. 명품을 써 보고 엘리트를 만나 수준 높은 사고를 배우는 일은 매우 중요하다.

내가 미국에서 경험한 일이다.

앞에서도 이야기했지만 나는 도호쿠 대학 강사를 하다 미국 기업에 취직했다. 거기에서는 사업본부장까지 올랐다.

그런대로 높은 자리였기 때문에 당연히 책임도 따랐다. 다른 사람보다 몇 배 더 열심히 일했고, 솔직히 '너무 힘들다'고 생각했던 시기도 있었다.

하지만 어려움도 있는 반면 좋은 경험도 많이 했다. 뉴욕은 물론 스위스를 비롯한 유럽 각지에서 일하면서 세계 여러 나라의 상류층과 일류 기업의 상급 관리자들을 만났다.

그들은 일하는 모습이나 그것을 뒷받침하는 철학, 여가를 즐기는 모습 등 모든 면에서 세련되고 통이 컸다.

그런 사람들을 만나는 동안에 나도 그 사람들과 비슷한 사고를 하게 되었다. 바로 명품을 쓰는 가치를 알았다.

젊어서 일류 비즈니스를 배워두면 훗날 결정을 내릴 때 뛰어난 안목으로 사물을 판단할 수 있다. 또 일류를 알아야 목표를 높이 세울 수 있다.

진품과 일류가 무엇인지 모르면 높은 목표에 도달하기 어렵다.

돈을 어떻게 쓸 것인가?

돈을 마구 쓰면서 사치하라는 말이 아니다.

단, 모든 일에는 결정을 내려야 할 때가 있다.

예를 들어 업무상 교섭을 벌이거나 남을 설득하거나 중요한 상담을 할 때는 일류 레스토랑에서 식사를 한다. 그런 곳이라면 분위기에 젖어 일을 쉽게 풀어갈 수 있다.

이를테면 거래처와 꼭 매듭짓고 싶은 문제가 있다고 하자. 평소처럼 상대 회사에 가서 회의실이나 응접실에서 이야기해도 나쁘지 않다. 하지만 정말로 잘 해결하고 상대의 마음을 사로잡고 싶다면 장소를 바꾸어 보자.

"사장과 T호텔에 있는 분위기 좋은 일식집에서 만나 차분히 인생에 대해 이야기하고 싶다."

이런 식으로 유도한다. 어떤 음식을 먹느냐 보다 그 자리의 분위기가 더 큰 영향을 준다. 이때 지불한 수 만 엔의 돈은 반드시 더 크게 돌아온다. 돈은 본래 이렇게 써야 한다.

그 대신 사소한 낭비는 줄인다. 예를 들어 그 사장과 간단히 점심을 먹었을 때 '무슨 일이 있어도 내가 계산해야 한다'고 고집할 필요는 없다. 1000엔, 2000엔짜리 점심을 상대가 내겠다고 하면 대접받아도 괜찮다.

중요한 일이 있을 때는 옷차림에도 신경 쓴다. 자신을 돋보이게 해 줄 옷 한 벌쯤은 준비한다.

그런 기회가 찾아오지 않아도 자기만의 특별한 날을 만드는 것은 결코 쓸데없는 일이 아니다.

평소에는 라면을 먹지만 한 달에 한 번쯤 지금까지 가 본 적 없는 비싼 레스토랑에서 식사를 하면 어떨까? 한 벌이라도 좋으니 지불할 수 있는 범위 안에서 가장 비싼 옷을 사면 어떨까?

중요한 것은 그때 느끼는 마음의 변화다. 좋은 옷을 입으면 마음가짐도 달라진다. 명품이 자신에게 얼마나 큰 영향을 미치는지 설명하지 않아도 이해가 될 것이다.

생활환경이 인생을 바꾼다

미국에서 처음 일했을 때의 일이다.

어느 주말, 상사의 집에 초대받아 그 쪽에서 보낸 차에 올라탔다. 본사가 있던 미네소타 주에는 숲과 호수가 많았다. 자동차는 아름다운 공원을 가로질러 달렸다. 큰 연못에는 아치 모양의 다리가 걸려 있고, 다리를 지날 때 물위에서 노니는 오리도 보았다.

곧 상사의 집에 도착했는데 눈부실 정도로 호화로운 저택이었다. 할리우드 영화에 나오는 광경이 그대로 내 눈앞에 펼쳐졌다.

나는 "여기로 올 때 지난 공원이 참 멋있더군요. 큰 연못에는 오리가 노닐고, 숲 속에서는 다람쥐도 보았어요"라고 말했다.

잭은 고개를 갸우뚱하며 대답했다. "그건 우리 정원이에요." 그 말을 듣고 나는 깜짝 놀랐다. 분명히 집 가까이 있는 공원이라고 생각했는데 모두 그의 소유물이었다.

다음날 아침, 잭이 사격을 하자고 했다. 어제 타고 왔던 그 자동차로 비행장처럼 보이는 곳에 도착했다. '이 근처에 사격장이 있구나'하고 생각했는데 여성 비행기 조종사가 오더니 세스나(경비행기의 일종—역주)에 올라가라는 것이 아닌가?

세스나를 타고 잭과 친한 농장주의 땅에 내렸다. 사격장은 거기에서 다시 자동차로 5분 정도 떨어진 곳에 있었다.

이런 생활을 접하면서 나는 생활공간이 얼마나 중요한지를 알았다.

일본으로 돌아온 나는 집값이 5000달러 이하인 곳에서는 살지 않겠다고 결심했다. 장소는 도쿄도 미나토(港區)의 아자부(麻布)가 아니면 살지 않기로 했다. 생활환경이나 생활공간이 쾌적할수록 인간의 창조성이 크게 발달한다는 사실을 미국에 있을 때 절실히 깨달았기 때문이다.

요즘은 절약이 한창 유행이다. 하지만 아무리 불황이라고 해도 앞으로 비즈니스에서 성공하려는 사람이 너무 '절약, 절약'하면서 생활을 조이는 것은 그다지 좋지 않다. 지나치면 인생의 폭이 좁아질 위험이 있다.

나는 젊었을 때 부유한 미국인의 생활을 알면서 인생이 크게 달라졌다. 이것은 비즈니스맨으로서 매우 다행이라고 생각한다. '저렇게 살고 싶다'는 인생 목표를 한 단계 높게 잡을 수 있었고 그 목표를 향해 달려가는 동안 나 자신도 한 단계 상승할 수 있었기 때문이다.

Good Luck

소지품이 비즈니스 성공을 좌우한다

인간은 자기와 가까이 있는 것에 가장 큰 영향을 받는다. 심리학 분야의 하나인 '심리역학'에서 하는 말이다.

가령 손님이 아무도 없는 음식점에 당신 혼자 테이블에 앉아 있다고 하자. 그런데 어떤 손님이 들어와 일부러 당신 옆자리에 앉으면 기분이 어떨까?

지하철역에서 지하철을 기다리는데 당신 등 뒤에 어떤 사람이 바싹 달라붙어 서 있다면 어떨까?

아마 기분이 나쁘거나 이상한 느낌이 들 것이다.

사람 사이에는 원래 안심할 수 있는 거리가 있는데, 그 선을 넘어서 다가오면 불안을 느끼기 때문이다. 바꿔 말하면 가까이 있는 것에 영향을 쉽게 받는다는 뜻이다.

이렇게 생각해 보자. 물리적으로 몸에 가장 가까이 있는 것은 무엇일까? 늘 몸에 밀착되어 있는 것…. 그렇다, 바로 옷이다.

우리가 옷에서 받는 영향은 생각보다 훨씬 더 크다. 가령 좋은 재킷을 입으면 자연스럽게 등이 쭉 펴지고 싸구려 티셔츠를 입으면 몸놀림에도 긴장감이 없다.

어떤 모임에 어울리지 않는 옷을 입고 가서 어딘가 숨고 싶은 기분이 들거나 집에 빨리 돌아가고 싶었던 적이 있을 것이다. 반면 그 자리에 꼭 맞는 멋진 옷을 입고 갔다면 적극적으로 다른 사람들과 어울리고 2차, 3차까지 참석하려고 할 것이다.

옷에는 그 사람의 자신감과 남을 대하는 태도까지 바꿀 만한 힘이 있다. 물론 비즈니스에도 영향을 끼친다.

그러므로 옷차림에도 신경을 쓰고 자신의 외모를 단정하게 하는 것은 매우 중요하다. '그런 건 아무래도 좋다'고 생각하는 사람은 자신을 아무렇게나 취급하는 것과 같다.

구두나 시계, 액세서리 같은 장신구나 가방도 마찬가지다. 이렇듯 몸에 가장 가까운 물건은 특히 마음에 드는 것을 가지고 있으면 기분까지 좋아진다.

패션은 원래 그 사람의 기분이나 마음과 관계가 많다.

멋을 냈을 때는 그 사람의 심경 변화에 따라 호르몬의 흐름이 달라진다.

구체적으로 기분이 좋아지면 쾌락 호르몬의 일종인 침샘 글로브린안티겐이 분비된다. 이 호르몬은 눈과 피부에 많은 영향을 주기 때문에 겉모습과 분위기가 밝아진다. 물론 기분도 밝고 긍정적으로 바뀐다.

꿈은 크게 가져라

나는 지금까지 몸에 걸치는 물건에 상당히 신경을 많이 썼다.

특히 시계를 좋아한다. '오늘은 일 때문에 도쿄에서 회식이 있으니 이 시계를 차야지', '내일은 여행을 가니까 기능이 다양한 이걸로 해야지.' 이런 식으로 때와 장소와 목적에 맞게 시계를 고른다.

가방도 많아서 평소에 드는 것과 외국 출장을 갈 때 드는 가방이 다르다. 구두에도 공을 들인다.

하지만 무턱대고 명품을 사지는 않았다. 좋은 것으로 하나쯤 가지고 있고, 지위가 높아짐에 따라 더 좋은 제품으로 바꾼다. 한편 실용품은 싸고 기능적인 물건으로 구입한다. 이런 식으로 해서 좋아하는 것을 모았다.

내 주위에 비즈니스에서 성공한 사람들도 명품만 고집하지 않고 아낄 때는 확실히 아끼고 쓸 때는 확실히 쓸 줄 아는 소비생활을 한다.

사회에 갓 나온 회사원이라면 좀처럼 고급품을 구입하기 어려울 것이다. 하지만 조금 무리해서 좋은 물건을 구입하자.

먼저 좋은 시계, 다음은 가방, 세 번째는 좋은 신발이다. 이런 순서로 갖추면 어떨까?

'분수에 맞지 않다'고 망설일 필요는 없다. 명품을 걸친 자신을 상상하는 것만으로도 자기의 가치가 높아지기 때문이다.

우리 큰 애 친구 중에 스티브라는 아이가 있다. 우리 집에도 자주 놀러 왔는데 학창시절부터 엄청난 애차가(愛車家)였다.

언제나 나이에 어울리지 않는 값비싼 차를 타서 "요즘 돈 많이 벌었구나"라고 말하면 그는 웃으면서 "매일 햄버거 반 개씩만 먹으면서 살거든요"라고 대답했다.

반은 농담이겠지만 어쨌든 그 애한테는 '좋은 차를 타야 한다'는 신념이 있었다. 다른 부분을 희생해서라도 좋은 차를 타야 나중에 정말로 고급 차에 어울리는 사람이 된다고 생각한 것이다.

그러고 나서 몇 년 뒤, 스티브는 파리 은행 일본 지점에 들어가 꿈에 그리던 포르쉐를 샀다. 그 후 얼마 지나지 않아 파리 은행을 그만두고 친형과 함께 회사를 세워 20대에 100~200만 엔의 월급을 받았다.

스티브가 이렇게 된 것은 '갖고 싶다'는 강한 마음과 그것을 소유할 만한 사람이 되어야겠다는 뚜렷한 신념이 있었기 때문이다. 그리고 가능한 범위 안에서 가장 좋은 것을 구하고 그것에 어울리게 행동한 것도 적극적인 자기상을 만드는 데 중요한 역할을 했다.

그것이 자신에게 어울리는지는 상관없다. 오히려 분수에 맞지 않는 행동을 했기 때문에 가능성이 더 크고 넓어진 것이다.

나에게도 자동차에 얽힌 이야기가 있다.

와세다 대학 대학원에 다니던 때다. 1950년대 후반, BMW가 매우 갖고 싶었다.

앞에서도 이야기했지만, 그때 나는 가정교사 아르바이트와 번역일, 게다가 아파트 방 하나를 빌려서 영어 학원까지 차려 학생 신분에 맞지 않게 돈을 많이 벌었다.

그래서 당시 15만 엔 하던 BMW 오토바이를 샀다. 사실 살만큼 돈이 많았다고 해도 학생 신분에는 사치였다.

하지만 나는 옛날부터 BMW를 타는 것이 꿈이었기 때문에 '내가 번 돈으로 사겠다'고 결심했다.

결과적으로 BMW를 탔기 때문에 상대방에게 인정도 받았고 신용도 올라가 일이 더욱더 잘 풀렸다. 물론 나도 동경하던 오토바이를 타고 아주 만족했다. 만일 여기에서 '분수에 맞지 않는다'고 포기했다면 지금의 나는 없었을지도 모른다.

자신을 틀에 가두지 말자. 희망은 늘 크게 갖는다. 이것이야말로 자신을 한 단계 발전시키는 비결이다.

Good Luck

'유쾌함'의 기본은 건강한 몸

이번에는 비즈니스맨의 인생을 건강면에서 생각해 보자.

비즈니스맨은 의욕만으로 일할 수 없다. 몸이 재산이라는 말처럼 올바른 건강관리가 중요하다.

최전선에서 활약하면서도 자신의 건강을 돌보지 않아 뜻을 이루지 못하고 병으로 쓰러진 동료들을 많이 보았다. 정말로 안타까운 일이다.

건강은 누구에게나 중요하지만 특히 비즈니스에서 성공하고 싶은 사람은 자신의 건강에 더 신경 써야 한다.

'몸을 관리하지 못하는 사람은 일도 못한다'는 인식을 갖고 일해야 한다. 유쾌한 상태에서 많은 꿈을 실현하기 위한 가장 큰 전제 조건은 건강한 몸이다.

또 한 가지, 노화와 나이를 먹는 것은 별개라는 사실을 꼭 명심한다.

나를 예로 들면, 나는 지금까지 나이 때문에 하고 싶은 일을 못한 적이 한 번도 없다. 몸도 아주 건강해서 여행이나 스키도 젊은 사람 못지않게 즐긴다. 지금까지의 인생 경험과 학습 축적이 상승(相乘) 작용을 일으켜 일도 잘 풀렸다. 가족과 친구, 지인은 물론 지역 사람들, 업무와 취미로 만나는 다양한 사람들과도 잘 지낸다.

나이를 먹으면서 점점 좋은 일만 생겼다. 이것이 내 솔직한 느낌이다.

"당신은 특별한 경우다. 나는 그렇지 않다." 이렇게 말하는 사람도 있겠지만 그것은 인식이 부족해서다. 올바른 인식과 지식을 기초로 자신의 건강을 돌본다면 누구나 나이를 먹어도 젊음을 유지할 수 있고 70, 80대가 되어도 현역 생활을 할 수 있다.

이미 과학의 세계에서는 노화와 나이 먹는 것을 별개로 취급한다.

미국에서는 노화 과학이라는 분야가 상당히 발달했다.

노화와 모든 병의 원흉인 활성산소에 대항하는 항산화물질을 이용해서 노화를 방지하거나 진행을 늦출 수 있는 메커니즘을 밝혀냈다. 각종 비타민과 미네랄, 허브, 그리고 식물에 함유된 파이토케미칼(phytochemical. 식물성 화학물질)이 항산화물질로 작용하는데 모두 건강보조식품으로 가공해서 누구나 구입할 수 있다.

미국에서는 호르몬 요법도 연구 중이다.

특히 10년 전부터 시작한 멜라토닌을 보급하는 호르몬 요법은 그 효과가 주목된다.

멜라토닌은 뇌에 있는 송과선(松果腺. 척추동물의 간뇌(間腦)의 뒤쪽 윗부분에 있는 작고 동그스름한 소체. 내분비샘의 한 가지로, 성기 발육을 조정한다—역주)에서 분비되는 호르몬으로 생물의 수명과 관계가 깊다. 멜라토닌은 빛에 반응해 잠자고 깨는 일을 조절하는 한편 몸의 성장과 성적(性的) 성숙, 면역력 등에 관한 호르몬의 균형을 잡는 일을 맡는다. 몸의 성장이 멈추면 멜라토닌 분비가 줄어들어 생물적인 노화가 진행된다. 나아가 가슴샘(흉선. 흉골 뒤쪽에 있는 내분비선의 하나—역주)을 위축시켜 면역력과 관계있는 자연살해세포(NK세포)와 T세포(면역에 관여하는 림프구—역주) 기능에 관여하는 흉선 호르몬(thymic hormone) 분비도 감소시킨다.

하지만 이런 현상은 멜라토닌을 의약품이나 건강보조식품으로 보충하면 억제할 수 있으며 실제로 동물실험으로 약효를 확인했다.

이처럼 과학의 발달로 노화에 대한 개념이 크게 달라졌다. 또 건강에 대한 사고도 많이 바뀌었다.

지금 미국에서는 옵티말 헬스라는 건강관이 주류를 이루고 있다.

옵티말 헬스란 그 사람의 나이와 생활유형에 알맞으면서 가장 좋은 건강상태를 말한다.

미국에서도 노화와 병에 관한 연구가 발달하지 않던 시대에는 '건강이냐 병이냐' 하는 이분법적 사고만 했다. 단순히 건강은 병에 걸리지 않은 상태라고 생각해 헬스라는 단어로 나타냈다.

시간이 흘러 1980년대 들어서면서 건강도 아주 양호한 상태에서 단순히 병에 걸리지 않은 수준까지 다양하다는 인식으로 바뀌었다. 그래서 '좀 더 건강해지려면 어떻게 해야 하는가', '더 나빠지지 않으려면 어떻게 해야 하는가'라는 생각을 하게 되었다. 바야흐로 웰니스(wellness) 시대다.

그 진화형이 옵티말 헬스라는 건강관인데, 간단히 말하면 '건강이라는 산을 오른다면 정상을 목표로 한다'는 사고방식이다. 그리고 많은 사람들은 최적, 최고의 상태를 유지하면서 나이를 먹는 옵티말 에이징을 실천하려고 노력한다.

일본의 비즈니스맨도 이런 식으로 사고해야 한다. 마음껏 일할 수 있는 체력과 건강이 뒷받침되어야 미래도 설계할 수 있기 때문이다.

옵티말 헬스를 실현하는 방법

옵티말 헬스를 실현하려면 어떻게 해야 할까?

유쾌한 마음과 적절한 운동 그리고 건강보조식품 3가지를 갖추면 된다.

유쾌한 마음의 중요성은 앞에서도 여러 번 강조했다.

모든 일에 감사하고 낙천적으로 생각하며 지금 처한 상황을 인정하고 미래에 희망을 갖는다. 이렇게 생활하면 쾌락호르몬이 분비되어 면역력이 높아지고 젊어진다. 유쾌한 마음은 젊음과 건강을 유지하는 데 빼놓을 수 없는 요소다.

적당한 운동은 근육과 뼈를 튼튼하게 할 뿐만 아니라 혈액순환을 원활하게 하고 뇌를 자극해 젊음을 유지하는 데도 도움을 준다.

또, 근육을 일정 시간 이상 움직이면 쾌락 호르몬이 분비된다. 마음과 몸은 상관관계에 있기 때문에 몸을 움직이면 마음이 유쾌해지고, 유쾌한 마음이 다시 몸을 건강하게 한다.

건강보조식품도 건강을 지키는 데 빼놓을 수 없는 요소다. '균형 잡힌 식사를 하면 된다'고 생각하는 사람도 있지만 문제는 음식 재료인 야채나 과일, 곡물이다. 현재 일반적으로 유통되는 농작물에는 영양성분표에 표시된 내용보다 훨씬 적은 양의 비타민과 미네랄이 들어 있다. 이것은 땅이 좁은 일본에서 농작물을 효율적으로 생산한 결과 토지가 황폐해졌기 때문이다.

이런 문제 뿐만 아니라 노화 과학 연구에 따르면 노화와 병을 적극적으로 예방하려면 종래의 영양권장량보다 훨씬 많은 양의 비타민과 미네랄을 섭취해야 한다. 영양이 부족한 음식으로 권장량을 모두 섭취하려면 '비타민 C를 보충하려면 하루에 자몽 10개를 먹어야 한다'는 식으로 비현실적인 이야기가 된다.

이런 이유 때문에 옵티말 헬스를 실현하려면 건강보조

식품을 먹어야 한다.

나는 생화학 전문가이기 때문에 노화연구 정보를 많이 접해 일찍부터 건강보조식품의 필요성을 느꼈다. 건강보조식품은 30년 전부터 섭취하고 있다. 처음에는 비타민 E부터 먹기 시작해 지금은 식물에서 추출한 멀티비타민, 비타민C, 생선유, 아연, 코엔자임 Q10, 셀레늄 등을 음식과 함께 섭취하고 있다.

섭취하는 양은 1일 권장량이 아니라 옵티말 헬스의 관점에서 본 필요량을 기준으로 삼는다. 예를 들면 비타민 E는 1일 권장량의 20배에 해당하는 200mg, 비타민 C는 1일 권장량의 약 20배에 해당하는 2000mg을 섭취한다.

단, 건강보조식품을 많이 먹는다고 좋은 것은 아니다. 그중에는 너무 많이 먹으면 건강을 해치는 것도 있다. 또 먹는 사람의 나이와 체질, 건강상태에 따라서도 조절해야 한다.

여기에서 소개한 것은 어디까지나 기본 지식과 개인적인 생각일 뿐이다.

건강과학과 노화과학에 관심이 없는 사람이라도 이제부터는 올바른 지식과 깨달음으로 몸, 다시 말해 자기 주식회사를 능숙하게 관리해야 할 것이다.

술에 대해서

음식은 건강을 위해서만 섭취하는 것이 아니다. 음식은 사람들을 사귈 때 윤활유가 된다.

업무상 음식을 먹을 때는 으레 협상과 상담을 하기 마련이다.

그럴 때 술이나 음식에 관한 지식이 도움이 되기도 한다.

가령 '맥주를 마시는 사람은 다른 술을 마시는 사람보다 병에 걸릴 확률이 27배나 낮다'는 이야기를 한다.

맥주는 알코올 도수가 낮은 데다 식욕을 돋워주며 칼슘, 철분, 비타민 B군 같은 영양소도 풍부하다. 그 뿐만 아니라 심장병과 고혈압도 예방한다. 맥주는 아주 좋은 건강음

료다.

나도 아침마다 조깅한 뒤에는 빼놓지 않고 맥주를 한 병씩 마신다. 그래서인지 20년 동안 감기 한 번 걸리지 않았다.

같은 양조주인 붉은 포도주에도 뛰어난 약리 효과가 있어 유럽에서는 의료에 이용할 정도다. 포도주의 붉은 색소에 폴리페놀이라는 성분이 함유되어 있다는 사실은 널리 알려져 있는데, 그 일종인 안토시아닌에는 심장 질환을 예방하는 효과가 있다.

포도주를 많이 마시는 프랑스에서는 동물성지방을 많이 섭취하는 데 비해 심장 질환으로 사망하는 비율이 눈에 띄게 낮다. 이것을 프렌치 패러독스라고 하는데, 붉은 포도주의 약효 덕분이다. 또 레스베라트롤(resveratrol)이나 켈세틴 성분에는 항암효과가 있다는 사실도 밝혀졌다.

포도주 하면 치즈가 생각나는데 치즈도 몸에 좋은 식품이다. 치즈의 아미노산은 간에 작용해서 알코올 분해를 도와 술안주로 최적이다. 또 면역력을 높여주고 신경과 근육, 혈관의 노화를 예방하는 작용도 한다.

스트레스를 많이 받는 요즘 사람들은 건강에 관심이 많다.

소믈리에(Sommelier. 와인을 담당하는 웨이터—역주) 수준의 지식을 쌓는 것도 즐겁지만 이런 현대적인 지식을 알아두었다가 자연스럽게 알려주는 것도 좋다. 이런 사소한 행동이 여러분을 색다른 사람으로 만든다. 반대로 음식에 너무 무감각한 사람은 회사에 비유하면 기업을 방만하게 경영하는 것과 같다. 비만인 사람이나 헤비급 선수는 자기 관리를 못하는 사람으로 보인다는 각오를 해야 한다. 이것은 업무상 신용에도 많은 영향을 준다. 유럽이나 미국에 가면 더욱 그렇다. 비즈니스맨으로 성공하고 싶다면 이 점을 명심하자.

독서를 하면 어휘력이 풍부해진다(일본의 예)

풍부한 어휘력은 좋은 입버릇과 사고방식을 몸에 익힐 수 있는 전제 조건이다.

일본어는 어휘가 매우 풍부하다.

세계에는 3천 종류 이상의 언어가 있는데, 그 중에서 일본어는 언어체계가 상당히 복잡하다.

표기법은 한자와 히라가나, 가타가나 세 가지이며 그것을 능숙하게 병용한다. 동음이의어, 유의어, 경어가 있어 완벽하게 습득하는 데 상당한 시간이 걸린다.

일본어에는 미묘하게 다른 느낌을 주는 말도 풍부하다.

예를 들면 '비'라는 자연현상을 나타내는 말에도 '이슬

비, 안개비, 소나기, 가랑비, 장대비, 보슬비, 누리, 는개 등 정말로 많다. 영어나 독일어, 프랑스어는 '비'를 나타내는 말이 10종류 이내다.

계절에 따른 자연의 변화에 민감한 일본인만의 독특한 감성이 이렇듯 미묘한 차이를 표현하기 위해 많은 언어를 만들어 냈다.

또 다른 견해는 일본어의 다양성 덕분에 일본인이 느낌을 조금씩 다르게 표현할 수 있었고, 말을 골라 쓰면서 감성이 더욱 풍부해졌다고 한다.

우리에게는 선천적으로 매우 복잡한 일본어를 말하고 읽고 쓰고 듣는 능력이 있다. 하지만 자신의 가능성을 더 키우려면 의식적으로 어휘를 늘려야 한다.

자신이 되고 싶은 자기상을 그리거나 마음을 긍정적으로 만들려고 할 때 딱 맞는 말을 찾으면 그만큼 이미지가 뚜렷해 마음에 새기기 쉽다. 꿈과 미래를 이야기할 때도 정확한 말로 이야기할 수 있다면 실현하고자 하는 강한 의지가 솟아오를 것이다.

어휘가 풍부하다는 말은 그만큼 선택할 언어가 많다는 뜻이므로 상황에 맞는 말을 쉽게 고를 수 있다.

생각하고 상상하는 것은 인간에게만 있는 능력이다. 이 행위는 모두 언어로 구성되기 때문에 알고 있는 언어의 범위 안에서만 생각하고 상상할 수 있다.

어휘가 풍부한 사람일수록 상상력이 풍부해지고 의식 수준도 높아지며 말하는 내용도 다양해진다.

여기에서 말하는 어휘란 단순히 단어가 아니라 그 의미까지 포함해 언어체계에 담긴 정신 상태를 말한다. 그렇지 않으면 자신의 의식과 합치되지 않기 때문이다. 또 어휘가 풍부하다는 말은 지식이 풍부하다는 말로 바꿔 쓸 수 있다. 신문이나 전문서적을 이해하는 것도, 잡다한 정보 속에서 필요한 내용만 골라내는 것도, 어떤 사상을 분석하는 것도 어휘, 곧 지식이 풍부할수록 쉽다.

실제로 풍부한 어휘는 성공한 사람이 갖춰야 할 자질 가운데 하나다.

이런 능력은 대학이나 대학원에서만 기를 수 있는 것은 아니다. 비즈니스 현장에서 쌓은 경험도 많은 도움이 되고, 부지런히 사전을 뒤지고 많은 사람과 사귀어 이야기를 나누며 지식을 얻을 수도 있다.

하지만 어휘를 늘리기에 가장 손쉽고 효과적인 방법은

독서다.

어렸을 때나 학창시절, 사회에 나와서도 독서는 늘 우리에게 다양한 지식과 감동을 선사한다.

그런데 학업을 마치면 더는 책을 보지 않는 사람도 많다. 이것은 매우 안타까운 일이다. 졸업과 동시에 '이제 공부하지 않아도 된다'는 해방감 때문일까? 자신도 모르게 독서가 귀찮아진 것이다.

하지만 사회인이 되어 비즈니스 현장에서 뛰면서부터 더 많은 책을 읽어야 한다. 단순히 지식을 늘리는 데 머무는 것이 아니라 상상력을 연마하고 어휘를 늘리며 논리적으로 사고하는데 독서만큼 좋은 것은 없다.

아무리 바빠도 하루 일과 중에서 독서하는 시간을 따로 만들자. 겨우 몇 쪽밖에 읽지 못한다고 해도 새로운 발견을 할지 모른다.

Good Luck

매너리즘을 뿌리 뽑자

매너리즘은 상상력과 창조력을 기르는 데 매우 큰 적이다.

늘 같은 시간에 집을 나서 똑같은 길을 따라 똑같은 시각에 똑같은 지하철 칸에 올라 회사에 간다. 집에 돌아올 때도 부서 동료들과 단골 가게에서 술을 마시고, 늘 하던 대로 상사의 흉을 보며 집 근처 편의점에 들렀다가 집에 온다.

이런 날이 되풀이 되면 큰 감동을 느낄 수 없고 새로운 발상이 떠오르지 않는다.

일상 속에 색다른 일을 시도해서 자신을 새롭게 만들어 보자.

약간의 변화를 주는 일은 간단하다. 이렇게 해 보면 어떨까?

평소보다 일찍 일어났다면 동네를 한바퀴 달려 보자. 점심때는 지금까지 가본 적이 없는 식당에서 밥을 먹는다. 일이 끝나면 소원하게 지내던 사람들과 오랜만에 만난다. 쉬는 날에는 목적 없이 집을 나서 낯선 곳에 가 본다.

내가 도심에서 혼자 살았을 때는 거의 밖에서 아침을 먹었다. 장소는 그때마다 달랐다. 자주 이용하는 호텔에서는 아침 7시부터 천천히 식사를 하고, 라운지에서 커피를 마시며 창 밖으로 펼쳐진 정원을 2시간 정도 바라보았다.

가끔씩 일상 속에서 비일상적인 일을 하면 이상하게도 머릿속이 맑아진다. 생각지 못했던 영감이 떠오르거나 고민거리도 단숨에 해결된다.

되풀이하던 일상을 접고 생활 리듬을 바꿔보면 의식에 변화가 생긴다. 의식 공간이 넓어지기 때문이다. 그러면 사물을 느끼는 법이나 행동에도 반드시 변화가 나타난다.

즉, 훨씬 쉽게 유쾌해진다. 어떤 상황에서든 유쾌해지거나 불쾌해지는 것은 마음먹기에 달렸는데, 의식공간이 넓어지면 그만큼 사물을 받아들이는 폭도 넓어지므로 자신이

처한 상황에서 재미와 이점을 더 쉽게 발견할 수 있다.

가령 높은 호텔 라운지에서 술을 마셨을 때 '생각보다 별로다. 돈이 아깝다'고 생각하면 기분이 나빠진다. 하지만 '이렇게 아름다운 야경을 바라보면서 낭만적인 분위기에 젖을 수 있다니 돈이 아깝지 않다'고 생각하면 기분이 좋아진다. 의식공간이 넓어지고 감수성이 풍부해지면 저절로 후자와 같은 발상을 한다.

좀 더 큰 변화를 원한다면 여행을 하는 것도 좋다.

나는 낯선 곳에 갔다 오면 생활이 활기차고 기분도 달라진다.

여행에도 두 가지가 있다. 하나는 넓은 자연을 만끽할 수 있는 곳에 가서 마음 편하게 지내는 것이다.

이때는 휴대전화 같은 문명의 이기는 두고 간다. 그야말로 속세와 연을 끊고 비일상적인 시간을 보내면서 재충전하는 것이다.

또 하나는 문화와 문명의 향기가 넘치는 곳으로 떠나는 여행이다. 뉴욕이나 파리, 런던 같은 대도시에 가면 활기찬 힘을 느낄 수 있다. 그곳에서 시대에 딱 들어맞는 아이디어를 짜내거나 평소에 떠오르지 않았던 기발한 계획으로 나를 한 단계 성장시킬 수 있다.

관광지만 둘러보는 패키지 상품이나 익숙한 곳에 다시 가는 그런 여행이 아니라 '앞으로 어떤 일이 일어날까' 하는 기대와 영감을 느낄 수 있는 여행을 해 보자.

비일상적인 행동으로 매너리즘을 떨쳐버리고 의식공간을 넓히면 여러분의 마음은 더 풍요로워질 것이다.

아내와 좋은 관계를 유지하라

내가 기업의 임원이었을 때, 직원을 승진시키거나 승급시킬 때 반드시 확인하는 점이 있었다.

뛰어난 업무 처리 능력은 기본이고 책임이 작은 위치라면 일만 잘 하면 된다.

하지만 어느 정도 위치에 오르면 또 다른 시점으로 바라봐야 한다. 일을 잘한다는 전제아래에 그 사람이 기혼자라면 '가끔 아내와 함께 외식하거나 여행을 가는지'를 본다.

힘든 일을 하다 보면 가정을 돌볼 수 없는 경우가 많은데, 그런 상태에서 계속 일을 하려면 가족이 많이 이해해 주어야 한다. 가족의 마음을 잘 헤아릴 줄 아는가? 이것은 비즈니스맨의 중요한 자질이다.

아내를 위해 시간을 쪼개서 편안한 한때를 보내고 이야기를 나눈다. 이 점을 명심해야 좋은 관계를 유지할 수 있다.

'제안해도 거절당한다'는 사람은 더 큰 문제다. 함께 있어도 재미없기 때문이다. 다시 말해 지금까지 좋은 대화를 나누지 못했다는 뜻이다.

그렇다면 진지하게 받아들이고 고쳐야 한다.

가장 가까운 아내와 관계가 좋지 못한 사람은 고객도 만족시키지 못한다. 틀림없이 일도 못한다.

친구 이야기를 해 보자.

일본에서 컴퓨터 부품을 만드는 중소기업의 사장인 T는 어느 날 미국에서 손꼽히는 컴퓨터 회사와 상담하기 위해 현지로 갔다. 상대방 회사에서는 비교적 지위가 낮은 사원이 나왔는데 함께 식사를 하면서 이야기를 나누는 동안 두 사람 다 사냥을 좋아한다는 사실을 알고 분위기가 급격히 좋아졌다. 그 뿐만 아니라 사원과 취미가 같은 임원까지 불러 함께 사냥을 하기로 했다.

여기에서 말하는 사냥은 특별한 의미가 있다. 미국이나 유럽에서 남편의 취미가 사냥이라는 말은 가정이 화목하다는 뜻이다. 사냥을 좋아하면 당연히 쉬는 날 집을 자주 비우게 되고, 아내가 이해해 주지 않으면 꾸준히 취미 활동을 할 수 없기 때문이다. 또 총을 다루는 일이기 때문에 집안 문제로 머리가 복잡한 사람은 제대로 즐기지 못한다.

따라서 사냥이 취미라는 말은 가정이 화목하다는 말로 받아들인다.

T는 사냥을 계기로 임원과 친해졌고 마침내 엄청나게 큰 계약을 성사시켰다. 이제는 오히려 T의 회사가 미국 회사에게 없어서는 안 될 존재가 되었다.

비즈니스와 사생활은 별개라고 생각하는 사람도 있지만 그 두 가지는 확실히 관련이 있다. 비즈니스 뿐만 아니라 아내와 어떻게 지내는지만 봐도 그 사람의 인간성을 알 수 있다.

여러분도 가장 가까운 아내를 소중한 고객이라고 생각하고 많은 이야기를 나누기 바란다. 그리고 그때는 반드시 상대와 자신 모두 기분이 좋아지는 말을 사용해야 한다는 점을 기억하자.

에필로그

바람직한 업무 태도로 인생을 한 단계 높이자

작업은 8시간, 일은 24시간

이 책을 마무리하면서 여러분에게 꼭 해 주고 싶은 말이 있다.

'일(Work)과 작업(Job)은 다르다는 점을 기억하기 바란다', '자신의 일 뿐만 아니라 사람을 부릴 때도 작업과 일이 다르다는 사실을 염두에 두어야 한다'

일찍이 내가 모셨던 상사의 말이다. 매우 인상적이어서 지금도 그때의 기억이 선명하게 되살아난다.

작업이란 운동량과 시간의 곱셈이다.

물리학 법칙으로 말하면 몸을 움직인 운동량에 근무시

간을 곱한 것이 작업량이다. 예를 들어 “오늘 이 짐을 나르시오”라는 명령을 받았다고 하자.

이 경우, 나른다는 말 그대로 여기에 있는 물건을 다른 곳으로 옮기기만 하면 된다. 근무시간이 8시간이라면 8시간 동안 짐을 나르면 작업은 끝난다. 이런 일은 누구나 할 수 있다.

그러나 작업이 아니라 일이 되면 그 일에 맞는 창조성이 필요하기 때문에 누구나 할 수 있는 것은 아니다.

더구나 뛰어난 창조력이 필요한 일은 시간과 장소에 얽매이면 하지 못한다. 24시간, 언제 어디서나 창조력을 자극할 힌트를 얻기 위해 머리를 굴려야 한다.

따뜻한 욕조 안에 들어가 편안하게 쉴 때, 갑자기 업무로 이어질 만한 힌트가 떠오르기도 한다. 일을 마치고 친구와 한창 술잔을 기울이던 중 뜻밖의 아이디어가 떠오를 때도 있다. 놀다가, 운전하다가, 애인과 데이트하다가, 가족과 편히 지내다가… 쉬고 있을 때, 순간적으로 어떤 생각이 떠오르면 즉시 잡겠다는 의식이 있어야 한다.

일을 잘 하는지의 여부는 이런 생활을 하는가, 이런 생활 환경을 만들었는가에 달렸다.

이런 사고방식은 인재를 채용하고 활용할 때도 통한다. 작업만 할 줄 아는 사람인지 일을 할 줄 아는 사람인지 가려낼 줄 알면 비즈니스 효율도 높아지고 조직 전체의 질도 확실히 좋아질 것이다.

이것이 옛 상사에게 배운 '가장 크고 가장 중요한 비즈니스 교훈'이다. 나는 지금까지 이 말을 가슴 깊이 새기고 있다. 이 교훈은 내 인생에 큰 지표가 되었다.

꿈꾸는 사람이 회사를 이끈다

몇 군데 회사에서 일하면서 뛰어난 부하 직원을 많이 만났다.

거기에서 느낀 점은 학창시절부터 쭉 우등생이었던 사람과 공부는 조금 뒤떨어져도 다른 활동을 많이 한 사람은 분명히 다르다는 사실이다.

우등생들은 사물을 정리하고 논리를 구성하는 능력은 매우 뛰어나다. 하지만 대부분 그것 뿐이다.

이것을 정리하라든지 통계를 내라고 하면 아주 잘 한다. 하지만 빤짝이는 아이디어를 내라고 하면 뜻밖에 어려워 한다.

‘저 좋은 머리를 왜 실전에서 활용하지 못할까?’ 이렇게 느낀 적도 종종 있다.

반면, 그들보다 공부는 조금 못해도 형식을 깨뜨린 사람들은 스스로 주제를 확대시킬 줄 안다.

실무를 쌓아가며 높은 자리에 오르는 관료 세계에서는 압도적으로 우등생이 두각을 나타낸다. 하지만 기업에서는 조금 다르다. 늘 새로운 발견을 할 줄 아는 사람, 새로운 발견을 눈에 보이는 형태로 만들 수 있는 사람이 활약한다.

우등생들은 기억력이 좋아 사물을 정확히 설명할 줄 안다. 잘 풀리지 않을 경우까지 상정해서 방도를 강구한다. 그것은 경험론이나 이미 있는 자료로 논리를 구축할 줄 알기 때문이다.

형식에 얽매이지 않은 유형은 사물을 각색하는 데 뛰어나다. 비유적이며 낙관적으로 말한다. 늘 긍정적인 자료와 긍정적인 예만 활용한다. “이런 사태가 일어나 일이 잘 풀리지 않으면 어떻게 하겠느냐”고 물으면 “틀림없이 그럴 리 없다”고 대답한다.

어느 쪽이 앞서갈까? 말할 것도 없이 낙천적인 쪽이다. 낙천적인 사람일수록 운도 따르고 성과도 좋다.

내 법칙으로 말하면 일을 잘 하고 싶은 사람이라면 우선 낙천적으로 사고할 줄 알아야 한다. 그 다음 '…을 실현하고 싶다'는 꿈이 있어야 한다.

전쟁 후 일본을 대표하는 대기업도 원래는 작은 상점이나 동네 공장에서 출발했다. 거기에서 눈부시게 발전할 수 있던 이유는 창업자와 경영자들이 '사람들의 생활을 편리하게 하자', '세계에서도 통하는 상품을 만들자'는 꿈을 추구했기 때문이다.

꿈꾸는 능력은 인간의 가장 큰 자질이며 자산이다. 미래는 그런 사람들이 열어가기 때문이다.

여러분도 꿈꾸는 능력을 연마하고 소중히 키워가기 바란다.

인생에서 가장 좋은 시기는 '현재'다

'과거를 어떻게 생각하는가'도 멋진 인생을 사는 데 중요하다.

인생관은 대부분 그 사람의 과거로 형성된다. 다시 말해 과거의 사건을 어떻게 받아들이는가에 따라 인생관이 크게 달라진다.

이것은 두 가지 유형으로 나눌 수 있다. 먼저 과거의 사건을 늘 후회하는 사람이다. 이런 사람들은 늘 '그때 이렇게 했더라면', '그 일을 하지 않았더라면' 하는 생각을 품고 산다.

이런 유형의 특징은 현상에 불만을 품고 장래를 비관한

다. '이런 회사에 들어가지 않았다면 좋았을 걸', '늘 상사 복이 없다'고 생각한다. 결국 '내 미래는 어둡다'고 믿어 점점 자기혐오에 빠진다. 비관적 사고의 전형적인 형태다.

또 한 유형은 과거를 회상하는 사람들이다. 똑같은 과거라도 긍정적인 이미지만 추억하기 때문에 후회와는 거리가 멀다.

과거를 후회하지 않고 회상하는 사람은 현상에 만족하고 희망찬 미래를 꿈꾼다.

후회하는 사람의 인생에는 꿈과 희망이 들어갈 자리가 없다. 하지만 회상하는 사람은 현재의 만족감을 바탕으로 밝은 미래를 그릴 수 있다. 누가 행운을 거머쥘지는 말할 것도 없다.

그리고 '정말로 만족스러운 인생이었다'고 말할 수 있는 삶을 살려면 반드시 사랑과 감사하는 마음을 잊지 말아야 한다.

사랑에는 여러 가지 얼굴이 있다. 부모자식간의 사랑, 형제간의 사랑, 우정, 자신에 대한 사랑, 이웃 사랑, 인류애, 동물 사랑……. 물론 일을 사랑하는 것도 포함된다.

사랑은 인간의 기본 욕구로 행복감의 절대조건이다. 그

리고 끝이 없다. 식욕 같은 기본적인 욕구와 달리 '이제 충분하다'는 한계가 없다. 바꿔 말하면 사랑은 정성껏 키울수록 크게 자라며 사랑이 가져다주는 행복감도 끝이 없다.

사랑하거나 사랑 받으면 몸 안에 유쾌한 호르몬이 분비되어 긴장과 스트레스, 불안이 사라지고 기분 좋고 편안한 상태가 된다.

사랑하는 마음이 있는 곳에는 반드시 감사하는 마음이 있다. 그러나 일본인은 평소에 감사하는 마음을 표현하는 데 매우 서투르다.

외국 사람들은 일상적으로 "Thanks God(하느님, 감사합니다)"라는 말을 하고, 사소한 일에도 "Thank you"라며 감사의 마음을 전한다.

비즈니스에서도 사랑과 감사는 중요한 요소다.

일을 할 때는 '좋아하는 일을 하니 행복하다, '보람 있는 일을 맡았으니 열심히 해야지', '이 일을 하면 한 단계 성장할 것이다'라고 생각하자.

이제는 여러분도 바람직한 입버릇과 사고방식이 얼마나 중요한지 충분히 이해했을 것이다. 좋은 말, 좋은 생각, 그리고 좋은 습관이 몸에 배면 성공의 씨앗이 자랄 대지가 비옥해진 것과 같다.

이제는 수확할 일만 꿈꾸며 즐거운 마음으로 기다리면 된다.

일을 할 때는

'좋아하는 일을 하니 행복하다',

'보람 있는 일을 맡았으니 열심히 해야지',

'이 일을 하면 한 단계 성장할 것이다'라고 생각하자.

후회하는 사람의 인생에는

꿈과 희망이 들어갈 자리가 없다.

하지만 회상하는 사람은

현재의 만족감을 바탕으로 밝은 미래를 그릴 수 있다.

누가 행운을 거머쥘지는 말할 것도 없다.

어떤 환경에 처하든 감사하는 마음으로

유쾌한 상태를 만드는 것도 불평불만으로 불쾌한 상태를 만드는 것도

모두 마음먹기에 달렸다.

그러므로 그 결과로 생긴 행운과 불운도

자기 스스로 부른 것이라는 말이다.